Anne Frieß

Zeugnisbeurteilungen schreiben leicht gemacht

Formulierungshilfen
für Lernentwicklungsberichte

PERSEN

Anne Frieß ist ausgebildete Mediendesignerin und studierte Lehramt mit den Fächern Deutsch, Mathematik und Evangelische Theologie. Als Schulleiterin einer vierzügigen Grundschule in NRW steht sie ihren Kolleginnen und Kollegen mit Rat und Tat zur Seite. Sie hat bereits zahlreiche Unterrichtsmaterialien veröffentlicht.

4. Auflage 2025

AAP Lehrerwelt GmbH
Veritaskai 3
21079 Hamburg
Telefon: +49 (0) 40325083-040
E-Mail: info@lehrerwelt.de
Geschäftsführung: Andrea Fischer, Sandra Saghbazarian
USt-ID: DE 173 77 61 42
Register: AG Hamburg HRB/126335

Autorschaft:	Anne Frieß
Covergestaltung:	TSA&B Werbeagentur GmbH, Hamburg
Coverillustration:	Katharina Reichert-Scarborough
Illustrationen:	Katharina Reichert-Scarborough
Satz:	Satzpunkt Ursula Ewert GmbH, Bayreuth
Druck und Bindung:	Korrekt Nyomdaipari Kft., Budapest

ISBN: 978-3-403-20498-5
www.persen.de

Inhaltsverzeichnis

Digitales Zusatzmaterial:

Alle Formulierungen und Beobachtungsbögen erhalten Sie als editierbare Word-Dateien zum Download.

1 Vorwort

Am Ende eines Schulhalbjahres und Schuljahres stehen die Lernentwicklungsberichte bzw. Zeugnisse der Schüler* an. Welche Fortschritte gibt es? Wie groß ist der Wissenszuwachs? Welche Arbeitstechniken und -verfahren werden beherrscht? Inwieweit haben sich Kompetenzen verfestigt?

Ein exaktes Bild des betreffenden Schülers wiederzugeben, welches sich von allen anderen in der Klasse unterscheidet und ein unverwechselbares Persönlichkeitsbild darstellt, ist nicht immer ganz einfach.

Mit dem vorliegenden Werk möchte ich Ihnen Formulierungen, Beispiele von Lernentwicklungsberichten und Arbeitsmittel an die Hand geben, die Ihre Arbeit erleichtern sollen. Zur besseren Übersicht und damit Sie die passende Formulierung schnell finden, sind alle Formulierungen in drei Bereiche eingeteilt. Dies entspricht im Bereich 1 der Note 1–2, also einer sehr guten bis guten Leistung, im Bereich 2 der Note 3–4, also einer befriedigenden bis ausreichenden Leistung, und im Bereich 3 der Note 5–6, also einer mangelhaften bis ungenügenden Leistung. Weiterhin stehen Ihnen alle Formulierungen aus diesem Werk im digitalen Zusatzmaterial (als editierbare WordDateien) zur Verfügung.

Ich wünsche Ihnen für die Erstellung der Lernentwicklungsberichte bzw. Zeugnisse viel Erfolg.

Ihre Anne Frieß

* Zur besseren Lesbarkeit wurde die männliche Form gewählt und als Platzhalter für einen Namen ein X verwendet.

2 Formulierungen zum Arbeits- und Sozialverhalten

Die folgenden Formulierungen können für alle Jahrgänge der Grundschule Verwendung finden.

2.1 Arbeitsverhalten

Note 1–2 Sehr gute bis gute Leistungen	Note 3–4 Befriedigende bis ausreichende Leistungen	Note 5–6 Mangelhafte bis ungenügende Leistungen
Mit Wissbegierde und vorbildlicher Arbeitsweise hat X sein gutes Grundwissen genutzt, um alle Lernziele zu erreichen.	Mit Wissbegierde und ausgeglichener Arbeitsweise hat X sein vorhandenes Grundwissen genutzt, um alle Lernziele zu erreichen.	Mit Wissbegierde und einer eigenen Arbeitsweise hat X sein vorhandenes Grundwissen genutzt und versucht, alle Lernziele zu erreichen.
Die sehr gute Vorbereitung auf den Unterricht, die aktive Teilnahme am Geschehen und die zielgerichtete Auswahl von Lösungsverfahren bestimmen die Arbeitsweise von X.	Die Vorbereitung auf den Unterricht, rege Teilnahme am Geschehen und meist gute Auswahl von Lösungsverfahren bestimmen die Arbeitsweise von X.	X bemüht sich um eine Vorbereitung auf den Unterricht, eine aktive Teilnahme am Geschehen und eine Auswahl von Lösungsverfahren bei der Arbeitsweise.
Durch ordentliches und zügiges Arbeiten hat X sich in allen Fächern sehr gute und anwendungsbereite Kenntnisse angeeignet.	Durch rationelles und angemessenes Arbeiten hat X sich in allen Fächern sichere und anwendungsbereite Kenntnisse angeeignet.	Durch Bemühungen hat X versucht, sich in allen Fächern grundlegende Kenntnisse anzueignen.
X lernt mit viel Leidenschaft und bewältigt alle Anforderungen sicher und selbstständig. Er arbeitet planmäßig, exakt und ergebnisorientiert.	X lernt mit Energie und bewältigt meistens alle Anforderungen selbstständig. Er arbeitet recht planmäßig und ergebnisorientiert.	X versucht, zu lernen und die Anforderungen selbstständig, planmäßig, exakt und ergebnisorientiert zu bewältigen.
Mit einer vorbildlichen Arbeitsweise hat X zum Gelingen vieler Unterrichtsstunden beigetragen.	Mit einer ordentlichen Arbeitsweise hat X zum Gelingen vieler Unterrichtsstunden beigetragen.	Mit einer eigenwilligen Arbeitsweise hat X versucht, zum Gelingen vieler Unterrichtsstunden beizutragen.
Bei der Arbeit an Projekten übernimmt X verantwortungsbewusst eine führende Rolle, bemüht sich um die Mitschüler und kann auch in wechselnden sozialen Situationen konsequent die Ziele verfolgen.	Bei der Arbeit an Projekten übernimmt X öfter eine führende Rolle, bemüht sich um die Mitschüler und kann auch in wechselnden sozialen Situationen meist konsequent das Ziel verfolgen.	Bei der Arbeit an Projekten versucht X, verantwortungsbewusst eine Rolle zu übernehmen, bemüht sich um die Mitschüler und versucht auch, in wechselnden sozialen Situationen konsequent das Ziel zu verfolgen.
Freude am Lernen und Begeisterungsfähigkeit zeigt X nicht nur dann, wenn die behandelten Themen den eigenen Interessen entsprechen und X eigene Ideen einbringen kann.	Freude am Lernen und Begeisterungsfähigkeit zeigt X immer dann, wenn die behandelten Themen den eigenen Interessen entsprechen und X eigene Ideen einbringen kann.	Freude am Lernen und Begeisterungsfähigkeit zeigt X nur dann, wenn die behandelten Themen den eigenen Interessen entsprechen.

Note 1–2 Sehr gute bis gute Leistungen	Note 3–4 Befriedigende bis ausreichende Leistungen	Note 5–6 Mangelhafte bis ungenügende Leistungen
X hat beim Lernen in der Gruppe stets großen Anteil an der Planung, Durchführung und Auswertung der Arbeiten und überzeugt immer mit Ideenvielfalt und Exaktheit.	X hat beim Lernen in der Gruppe stets Anteil an der Planung, Durchführung und Auswertung der Arbeiten und überzeugt oft mit Ideenvielfalt und Exaktheit.	X versucht beim Lernen in der Gruppe stets, einen großen Anteil an der Planung, Durchführung und Auswertung der Arbeiten zu haben.
Besonders in kleinen Lerngruppen beweist X, dass er interessiert und zuverlässig arbeiten kann. Mit eigenen Ideen und praktischen Hinweisen bringt X Projekte voran.	Besonders in kleinen Lerngruppen zeigt X oft, dass er interessiert und zuverlässig arbeiten kann. Mit eigenen Ideen und praktischen Hinweisen bringt X Projekte häufig voran.	Besonders in kleinen Lerngruppen versucht X, interessiert und zuverlässig zu arbeiten. X bemüht sich um eigene Ideen und praktische Hinweise.
X nutzt gezielt Grundwissen für die Arbeit an neuen Aufgaben. Daher bereitet X auch das Lernen in einer Gruppe besondere Freude.	X bemüht sich erfolgreich darum, sicheres Grundwissen gezielt für die Arbeit an neuen Aufgaben zu nutzen. Daher bereitet X auch das Lernen in einer Gruppe besondere Freude.	X bemüht sich immer erfolgreicher darum, vorhandenes Grundwissen gezielt für die Arbeit an neuen Aufgaben zu nutzen. Daher bereitet X auch das Lernen in einer Gruppe besondere Freude.
X begeistert durch eine ruhige und beständige Arbeitsweise.	X kann durch eine ruhige und beständige Arbeitsweise begeistern.	X bemüht sich regelmäßig um eine ruhige und beständige Arbeitsweise.
X ist sehr aufmerksam und arbeitet aktiv mit. Auch im Klassenverband tritt er selbstbewusst auf und bringt gute Ideen ein.	X ist oft aufmerksam und arbeitet aktiv mit, tritt aber im Klassenverband noch etwas zurückhaltend auf.	X versucht, stets aufmerksam und aktiv mitzuarbeiten, tritt aber im Klassenverband noch nicht selbstbewusst auf.
X zeigt stets eine rücksichtsvolle und kameradschaftliche Arbeitsweise in der Gruppe. Dabei versteht er es, seine Meinung zu vertreten.	X zeigt eine rücksichtsvolle und kameradschaftliche Arbeitsweise in der Gruppe, bleibt aber mit der eigenen Meinung lieber im Hintergrund.	X zeigt immer öfter eine rücksichtsvolle und kameradschaftliche Arbeitsweise in der Gruppe. Dabei fällt es ihm nicht immer leicht, die eigene Meinung zurückzuhalten.
X kann die eigene Meinung klar und verständlich formulieren. Bei Gruppenarbeiten lässt er aber auch die Ansichten anderer Schüler gelten.	X kann die eigene Meinung klar und verständlich formulieren. Bei Gruppenarbeiten lässt er immer öfter die Ansichten anderer Schüler gelten.	X gelingt es immer öfter, die eigene Meinung verständlich zu formulieren. Er bemüht sich, bei Gruppenarbeiten die Ansichten anderer Schüler gelten zu lassen.
X erfüllt alle schulischen Aufgaben und wird durch Erfolgserlebnisse weiter angespornt.	X ist bestrebt, alle schulischen Aufgaben zu erfüllen, und wird durch Erfolgserlebnisse angespornt.	Alle schulischen Aufgaben zu erfüllen, ist für X stets ein Ziel. Durch Erfolgserlebnisse wird er dabei immer häufiger angespornt.
X lernt mit Fleiß und Freude und beteiligt sich interessiert am Unterricht.	X lernt meistens mit Fleiß und Freude und beteiligt sich interessiert am Unterricht.	X lernt immer öfter mit Fleiß und Freude und beteiligt sich interessiert am Unterricht.

Note 1–2 Sehr gute bis gute Leistungen	Note 3–4 Befriedigende bis ausreichende Leistungen	Note 5–6 Mangelhafte bis ungenügende Leistungen
Zielstrebig und sicher im Umgang mit erworbenem Wissen beendet X das Schuljahr sehr erfolgreich.	Zielstrebig und meist sicher im Umgang mit erworbenem Wissen beendet X das Schuljahr erfolgreich.	Zielstrebig und immer öfter sicher im Umgang mit erworbenem Wissen beendet X das Schuljahr.
Nicht richtig erscheinende Sachverhalte oder Darstellungen prüft X kritisch und erfragt deren Sinnhaftigkeit.	Nicht richtig erscheinende Sachverhalte oder Darstellungen prüft X jetzt schon kritisch und erfragt deren Sinnhaftigkeit.	Nicht richtig erscheinende Sachverhalte oder Darstellungen prüft X manchmal schon und erfragt häufig deren Sinnhaftigkeit.
Durch Fragen und Impulse bereichert X das Unterrichtsgeschehen.	Durch Fragen und Impulse kann X das Unterrichtsgeschehen bereichern.	Durch Fragen und Impulse versucht X, das Unterrichtsgeschehen zu bereichern.
Neue Aufgaben bewältigt X gern gemeinsam mit anderen Mitschülern.	Neue Aufgaben bewältigt X auch gern gemeinsam mit anderen Mitschülern.	Neue Aufgaben versucht X, gern gemeinsam mit anderen Mitschülern zu bewältigen.
Anstrengungsbereitschaft, Fleiß und Lerneifer kennzeichnen die gesamte Arbeitsweise.	Anstrengungsbereitschaft, Fleiß und Lerneifer kennzeichnen immer öfter die gesamte Arbeitsweise.	Anstrengungsbereitschaft und Lerneifer kennzeichnen manchmal schon die Arbeitsweise.
X kann langfristig konzentriert arbeiten und achtet genau auf die Formulierung der Aufgabenstellungen.	X kann konzentriert arbeiten und achtet dabei auf die Formulierung der Aufgabenstellungen.	X bemüht sich, konzentriert zu arbeiten, und achtet dabei immer öfter auf die Formulierung der Aufgabenstellungen.
Beim spielerischen Lernen entwickelt X Initiative und setzt eigene Vorhaben um.	Beim spielerischen Lernen entwickelt X immer mehr Initiative und setzt dadurch eigene Vorhaben um.	Beim spielerischen Lernen kann X gelegentlich Initiative entwickeln und versucht dann, eigene Vorhaben umzusetzen.
X benötigt auch für schwierigere Übungen oft weniger Zeit als geplant und findet dann Begeisterung bei der Erfüllung zusätzlicher Aufträge mit erhöhtem Schwierigkeitsgrad.	X benötigt für einfache Übungen oft weniger Zeit als geplant und findet dann Begeisterung bei der Erfüllung zusätzlicher Aufträge.	X gelingt es immer öfter, in der vorgegebenen Zeit die Aufgaben zu erledigen, und findet dann sogar Begeisterung bei der Erfüllung zusätzlicher Übungen.
X entwickelt originelle Lösungsvorschläge und weicht dabei gern von alltäglichen Vorstellungen ab.	X entwickelt immer öfter originelle Lösungsvorschläge und weicht dabei von alltäglichen Vorstellungen ab.	X gelingen manchmal schon originelle Lösungsvorschläge. Dabei weicht er manchmal von alltäglichen Vorstellungen ab.
Besonders optisch vermittelte Lerninformationen nimmt X schnell auf und kann diese sachgerecht wiedergeben.	Besonders optisch vermittelte Lerninformationen nimmt X leichter auf und kann diese meistens sachgerecht wiedergeben.	Besonders optisch vermittelte Lerninformationen versucht X aufzunehmen und sie sachgerecht wiederzugeben.
Bei umfangreicheren Anforderungen zeigt X keine Ermüdung und bleibt auch weiterhin motiviert.	Bei umfangreicheren Anforderungen ermüdet X manchmal und ist beim Lösen der Aufgaben nur gelegentlich entmutigt.	Bei umfangreicheren Anforderungen bemüht X sich, nicht zu ermüden, und versucht, beim Lösen der Aufgaben motiviert zu bleiben.

Note 1–2 Sehr gute bis gute Leistungen	Note 3–4 Befriedigende bis ausreichende Leistungen	Note 5–6 Mangelhafte bis ungenügende Leistungen
Vorschläge der Mitschüler nimmt X bei Arbeiten in der Gruppe gern an und verbindet sie mit eigenen Ideen.	Vorschläge der Mitschüler nimmt X bei Arbeiten in der Gruppe an und verbindet sie mit eigenen Ideen.	Vorschläge der Mitschüler nimmt X bei Arbeiten in der Gruppe gelegentlich an und versucht, sie mit eigenen Ideen zu verbinden.
X kann den vermittelten Stoff schnell aufnehmen und lernen. Inhalte kann X schnell erfassen und auf andere Situationen übertragen.	X bemüht sich, den vermittelten Stoff aufzunehmen und zu lernen. Einfache Inhalte kann X schnell erfassen und auf andere Situationen übertragen.	X bemüht sich fleißig, den vermittelten Stoff aufzunehmen und zu lernen. Einfache Inhalte kann X nach Übung erfassen und auf andere Situationen übertragen.
X ist stets motiviert durch die Lehrkraft und erledigt Aufgaben selbstständig. X hat eigene Lösungsvorschläge und kann diese sehr gut erläutern.	X benötigt manchmal Zuspruch und Motivation durch die Lehrkraft, um Aufgaben selbstständig erledigen zu können. X hat eigene Lösungsvorschläge und kann diese erläutern.	X benötigt Zuspruch und Motivation durch die Lehrkraft, um Aufgaben selbstständig erledigen zu können. X hat eigene Lösungsvorschläge, kann diese aber nicht erläutern.
X' mündliche Mitarbeit ist geprägt von qualitativ und quantitativ hochwertigen Beiträgen.	X' mündliche Mitarbeit ist nicht immer aktiv, da X manchmal lieber in die Rolle des Beobachters verfällt.	X bemüht sich um eine aktive mündliche Mitarbeit, allerdings verweilt X lieber in der Rolle des Beobachters.
X beginnt stets zügig mit den schriftlichen Übungen.	X beginnt fast immer zügig mit den schriftlichen Übungen.	X gelingt es immer besser, zügig mit den schriftlichen Übungen zu beginnen.
X folgt dem Unterricht immer aufmerksam und beteiligt sich aktiv und motiviert.	In der Regel folgt X dem Unterricht aufmerksam, muss aber manchmal zur Mitarbeit motiviert werden.	In der Regel folgt X dem Unterricht aufmerksam, muss aber immer wieder zur Mitarbeit motiviert werden.
X tritt im Unterricht immer aktiv in Erscheinung, ist motiviert und immer zu begeistern.	X tritt im Unterricht oft aktiv in Erscheinung. Auch in Fächern, in denen er über gute Grundkenntnisse verfügt, ist er meistens motiviert und durch Erfolge zu begeistern.	X tritt im Unterricht selten aktiv in Erscheinung. Auch in Fächern, in denen er über gute Grundkenntnisse verfügt, könnte er sich ruhig mehr trauen und begeistern lassen.
X' Lernwille und Anstrengungsbereitschaft lassen ihn auch schwierige Arbeiten überwinden.	X arbeitet stetig daran, durch Lernwillen und Anstrengungsbereitschaft kontinuierlich Schwierigkeiten zu überwinden.	X bemüht sich, durch Lernwillen und Anstrengungsbereitschaft kontinuierlich an der Überwindung von Schwierigkeiten zu arbeiten.
X beteiligt sich stetig am Unterricht und wird durch zusätzliche Motivation noch aktiver.	X beteiligt sich meistens am Unterricht und wird durch zusätzliche Motivation etwas aktiver.	X ist stets bemüht, sich aktiv zu beteiligen, und wird durch zusätzliche Motivation noch etwas aktiver.

Note 1–2 Sehr gute bis gute Leistungen	Note 3–4 Befriedigende bis ausreichende Leistungen	Note 5–6 Mangelhafte bis ungenügende Leistungen
X arbeitet immer konzentriert und sehr ordentlich. Ein Ziel kann X konsequent verfolgen und ist dabei in der Lage, das Vorgehen genau zu planen und die erwarteten Ergebnisse zu erreichen.	X arbeitet meistens konzentriert und ordentlich. Ein Ziel kann X konsequent verfolgen und ist dabei in der Lage, das Vorgehen zu planen und die erwarteten Ergebnisse zu erreichen.	X versucht, meistens konzentriert und ordentlich zu arbeiten. Ein Ziel kann X manchmal schon konsequent verfolgen und ist dabei meist in der Lage, das Vorgehen zu planen und die erwarteten Ergebnisse zu erreichen.
Bei schriftlichen Übungen ist X belastbar und arbeitet immer mit ausreichender Konzentration.	Bei schriftlichen Übungen ist X meistens belastbar und arbeitet oft mit ausreichender Konzentration.	Bei schriftlichen Übungen ist X manchmal schon belastbar und versucht, mit ausreichender Konzentration zu arbeiten.
Lernaufgaben nimmt X ernst und begegnet Aufgabenstellungen mit Freude. Er zeigt stets Gründlichkeit, sodass bei schriftlichen Übungen wunderbare Ergebnisse entstehen.	X nimmt Lernaufgaben immer ernster und begegnet Aufgabenstellungen schon nicht mehr so vorschnell. Er zeigt meistens die nötige Gründlichkeit, sodass bei schriftlichen Übungen schöne Ergebnisse entstehen.	X nimmt Lernaufgaben jetzt schon immer ernster und begegnet Aufgabenstellungen interessiert. Dabei zeigt er manchmal schon Gründlichkeit, sodass bei schriftlichen Übungen vorzeigbare Ergebnisse entstehen.
X hat eine kontinuierliche Arbeitsweise entwickeln können. Misserfolge veranlassen X zum Üben, dabei entwickelt er Ausdauer und Beharrlichkeit, um gute Leistungen dauerhaft bestätigen zu können.	X hat weiterhin eine kontinuierliche Arbeitsweise entwickeln können. Misserfolge veranlassen X weiter zum Üben, dabei versucht er, Ausdauer und Beharrlichkeit zu entwickeln, um Leistungen dauerhaft bestätigen zu können.	X versucht weiterhin, eine kontinuierliche Arbeitsweise zu entwickeln. Misserfolge veranlassen X zum Üben, dabei muss er noch an seiner Ausdauer und Beharrlichkeit arbeiten.

2.2 Sozialverhalten

Note 1–2 **Sehr gute bis gute Leistungen**	**Note 3–4** **Befriedigende bis ausreichende Leistungen**	**Note 5–6** **Mangelhafte bis ungenügende Leistungen**
Mit großem Eifer und viel Wissbegier nimmt X am Unterrichtsgeschehen teil.	Mit Eifer und Wissbegier nimmt X am Unterrichtsgeschehen teil.	Manchmal nimmt X schon mit Eifer und Wissbegier am Unterrichtsgeschehen teil.
Durch die ruhige und verträgliche Art ist X bei den Mitschülern beliebt und anerkannt.	Durch die meist ruhige und verträgliche Art ist X bei einigen Mitschülern beliebt und anerkannt.	Durch die manchmal ruhige und verträgliche Art ist X bei ein paar Mitschülern beliebt und anerkannt.
X ist ein fröhlicher und aufgeschlossener Schüler, der ein vertrauensvolles Verhältnis zu seinen Lehrkräften hat.	X ist ein meist fröhlicher und aufgeschlossener Schüler, der sich um ein vertrauensvolles Verhältnis zu seinen Lehrkräften bemüht.	X ist ein fröhlicher und aufgeschlossener Schüler, der sich nun schon öfter um ein vertrauensvolles Verhältnis zu seinen Lehrkräften bemüht.
Freudvoll kommt X jeden Tag zur Schule und hält die Klassenregeln ein.	Freudvoll kommt X jeden Tag zur Schule und hält meistens die Klassenregeln ein.	Freudvoll kommt X jeden Tag zur Schule und versucht meistens, die Klassenregeln einzuhalten.
In der Klassengemeinschaft hat X einen festen Platz gefunden und wird gern als Lernpartner gewählt.	In der Klassengemeinschaft hat X einen Platz gefunden und wird gern als Lernpartner gewählt.	In der Klassengemeinschaft versucht X, einen festen Platz zu finden, und wird manchmal als Lernpartner gewählt.
Gemeinsame Vorhaben gestaltet X umsichtig mit. Dabei finden Zuverlässigkeit, Hilfsbereitschaft und Bescheidenheit die Anerkennung der Mitschüler.	Gemeinsame Vorhaben kann X umsichtig mitgestalten. Dabei finden Zuverlässigkeit, Hilfsbereitschaft und Bescheidenheit weiterhin die Anerkennung der Mitschüler.	Gemeinsame Vorhaben versucht X, umsichtig mitzugestalten. Dabei finden Zuverlässigkeit, Hilfsbereitschaft und Bescheidenheit manchmal die Anerkennung der Mitschüler.
X' Offenheit und kameradschaftliches Verhalten finden die Anerkennung der Lehrkräfte und Mitschüler.	Meistens finden X' Offenheit und kameradschaftliches Verhalten die Anerkennung der Lehrkräfte und Mitschüler.	Immer öfter finden X' Offenheit und die Versuche, sich kameradschaftlich zu verhalten, die Anerkennung der Lehrkräfte und Mitschüler.
Im Umgang mit den Mitschülern ist X stets vorbildlich freundlich und kontaktbereit.	Im Umgang mit den Mitschülern ist X meistens vorbildlich freundlich und kontaktbereit.	Im Umgang mit den Mitschülern ist X immer öfter vorbildlich freundlich und kontaktbereit.
Bei der Kontaktaufnahme ist X besonders in kleinen Lerngruppen sicher.	Bei der Kontaktaufnahme ist X in kleinen Lerngruppen schon sicherer geworden.	Bei der Kontaktaufnahme ist X in kleinen Lerngruppen etwas sicherer.
Im Umgang mit Mitschülern hält sich X immer an Grenzen und Regeln.	Im Umgang mit Mitschülern hält sich X meistens an Grenzen und klare Regeln.	Im Umgang mit Mitschülern benötigt X manchmal noch klare Grenzen und Regeln.

Note 1–2 Sehr gute bis gute Leistungen	Note 3–4 Befriedigende bis ausreichende Leistungen	Note 5–6 Mangelhafte bis ungenügende Leistungen
Probleme der Mitschüler sind X nicht gleichgültig. Er zeigt, dass er sich in deren Situation hineinversetzen kann, und bietet Hilfen an.	Probleme der Mitschüler sind X nicht immer gleichgültig. Er zeigt, dass er sich schon in deren Situation hineinversetzen kann, und bietet Hilfen an.	Probleme der Mitschüler sind X gelegentlich nicht gleichgültig. Er zeigt dann, dass er sich schon in deren Situation hineinversetzen kann, und bietet manchmal Hilfen an.
X zeigt Verantwortung für die Gruppe und ist in Gesprächen bereit, Kompromisse einzugehen.	X zeigt meistens Verantwortung für die Gruppe und ist in Gesprächen oft bereit, Kompromisse einzugehen.	X zeigt gelegentlich Verantwortung für die Gruppe und ist in Gesprächen schon mal bereit, Kompromisse einzugehen.
Schnell hat X alle schulischen Regeln verinnerlicht und diese stets eingehalten.	Schnell hat X die schulischen Regeln verinnerlicht und diese meistens eingehalten.	Schnell hat X die schulischen Regeln gelernt und diese auch schon eingehalten.
X ist ein williger und bescheidener Schüler, der sich sehr gut in die Klassengemeinschaft einordnet.	X ist meistens ein williger und bescheidener Schüler, der sich in die Klassengemeinschaft einordnet.	X ist gelegentlich ein williger und bescheidener Schüler, der sich in die Klassengemeinschaft einordnen kann.
X ist stets bescheiden und drängt sich im Umgang mit seinen Mitschülern nicht in den Vordergrund.	X ist meistens bescheiden und drängt sich im Umgang mit seinen Mitschülern nicht in den Vordergrund.	X versucht, bescheiden zu sein, und drängt sich im Umgang mit seinen Mitschülern gelegentlich schon nicht mehr in den Vordergrund.
Nach anfänglichen Unsicherheiten gelingt es X, alle schulische Regeln einzuhalten.	Nach anfänglichen Schwierigkeiten gelingt es X meistens, schulische Regeln einzuhalten.	Nach anfänglichen Schwierigkeiten gelingt es X nun schon besser, schulische Regeln einzuhalten.
An gemeinsamen Vorhaben der Klasse beteiligt X sich und zeigt dabei große Eigeninitiative.	An gemeinsamen Vorhaben der Klasse beteiligt X sich und zeigt dabei öfter schon Eigeninitiative.	An gemeinsamen Vorhaben der Klasse beteiligt X sich gelegentlich, zeigt aber wenig Eigeninitiative.
X hat schnell Kontakte in der Klasse aufgebaut. In Gesprächen und bei der Durchführung gemeinsamer Vorhaben wirkt er offen.	X hat längere Zeit benötigt, um in der Klasse Kontakte aufzubauen. In Gesprächen und bei der Durchführung gemeinsamer Vorhaben wirkt er manchmal noch gehemmt.	X hat sehr lange Zeit benötigt, um in der Klasse Kontakte aufzubauen. In Gesprächen und bei der Durchführung gemeinsamer Vorhaben wirkt er oft noch gehemmt.
Für die Erledigung von Aufträgen sucht X sich oft einen Partner. In der Klasse hat er engere Kontakte geknüpft.	Für die Erledigung von Aufträgen sucht X sich immer öfter einen Partner. In der Klasse hat er Kontakte geknüpft.	Für die Erledigung von Aufträgen sucht X sich selten einen Partner. In der Klasse hat er bisher kaum engere Kontakte geknüpft.

3 Formulierungen für die Klasse 1

Die folgenden Formulierungen können für die Klasse 1 der Grundschule Verwendung finden.
Sie sind in drei Abstufungen formuliert.

3.1 Deutsch

3.1.1 Sprachgebrauch

Note 1–2 Sehr gute bis gute Leistungen	Note 3–4 Befriedigende bis ausreichende Leistungen	Note 5–6 Mangelhafte bis ungenügende Leistungen
X wendet seinen Wortschatz geschickt und passend an.	X wendet seinen altersgemäßen Wortschatz angemessen an.	X wendet einen altersgemäßen Wortschatz an.
X beteiligt sich stets aktiv am Unterricht.	X beteiligt sich immer aktiver am Unterricht.	X beteiligt sich manchmal schon aktiv am Unterricht.
Auch bei schwierigen Aufgaben ist X bereit, sich über die Maßen anzustrengen und geeignete Hilfen zu holen.	Auch bei schwierigen Aufgaben ist X bereit, sich anzustrengen und geeignete Hilfen zu holen.	X ist auch weiterhin bereit, sich anzustrengen und bei Schwierigkeiten geeignete Hilfen zu holen.
Mündliche Arbeitsaufträge versteht X immer richtig und kann diese fachlich korrekt ausführen.	Mündliche Arbeitsaufträge versteht X und kann diese fachlich korrekt ausführen.	Mündliche Arbeitsaufträge versteht X schon immer besser und kann diese oft korrekt ausführen.
Eigene Wörter und Sätze kann X nach Vorgabe formklar, ordentlich und richtig aufschreiben.	Eigene Wörter und Sätze kann X nach Vorgabe formklar aufschreiben.	Eigene Wörter und Sätze kann X nach Vorgabe meistens formklar aufschreiben.
X beteiligt sich gern mit eigenen Beiträgen an Gesprächen.	X beteiligt sich immer öfter mit eigenen Beiträgen an Gesprächen.	X beteiligt sich gelegentlich mit eigenen Beiträgen an Gesprächen.
Die Gesprächsregeln hält X mühelos ein.	Die Gesprächsregeln hält X immer öfter ein.	Die Gesprächsregeln hält X schon immer besser ein.
X spricht deutlich und in angemessener Lautstärke vor der Klasse.	X spricht meist deutlich und in angemessener Lautstärke vor der Klasse.	X spricht jetzt schon deutlich und in angemessener Lautstärke vor der Klasse.
Zusammenhängend und in ganzen Sätzen kann X lebhaft Geschichten erzählen.	Zusammenhängend und immer öfter in ganzen Sätzen kann X lebhaft Geschichten erzählen.	Zusammenhängend und in manchmal schon in ganzen Sätzen kann X lebhaft Geschichten erzählen.
X zeigt besonderes Geschick beim Verfassen von Geschichten. Hier schöpft er aus einem reichen Wortschatz und beschreibt Gedanken und Gefühle entsprechend der Redeabsicht.	X zeigt Geschick beim Verfassen von Geschichten. Hier schöpft er aus einem guten Wortschatz und beschreibt Gedanken und Gefühle entsprechend der Redeabsicht.	X versucht, Geschick beim Verfassen von Geschichten zu zeigen. Hier beschreibt er Gedanken und Gefühle entsprechend der Redeabsicht.

Note 1–2 Sehr gute bis gute Leistungen	Note 3–4 Befriedigende bis ausreichende Leistungen	Note 5–6 Mangelhafte bis ungenügende Leistungen
Bei Unterrichtsgesprächen beweist X, dass er neue Lerninhalte schnell in Beziehung zu Bekanntem setzen und auf Gelerntes zurückgreifen kann.	Bei Unterrichtsgesprächen beweist X, dass er neue Lerninhalte in Beziehung zu Bekanntem setzen und auf Gelerntes zurückgreifen kann.	Bei Unterrichtsgesprächen versucht X, neue Lerninhalte in Beziehung zu Bekanntem zu setzen und auf Gelerntes zurückgreifen.
X formuliert Redebeiträge treffend und anschaulich.	X formuliert Redebeiträge meist treffend und anschaulich.	X versucht immer öfter, Redebeiträge treffend und anschaulich zu formulieren.
X beschafft sich mithilfe verschiedener Medien gekonnt zusätzlich Informationen und stellt diese gern den Mitschülern zur Verfügung.	X beschafft sich mithilfe verschiedener Medien zusätzlich Informationen und stellt diese gern den Mitschülern zur Verfügung.	Immer häufiger versucht X, sich mithilfe verschiedener Medien zusätzlich Informationen zu beschaffen und stellt diese gern den Mitschülern zur Verfügung.
X formuliert Aussagen treffend und kann bekannte Fachbegriffe exakt verwenden.	X formuliert Aussagen treffend und bemüht sich um die exakte Verwendung bekannter Fachbegriffe.	X formuliert Aussagen schon manchmal treffend und bemüht sich um die Verwendung bekannter Fachbegriffe.
Im Fach Deutsch hat X alle Lernziele erreicht.	In Fach Deutsch hat X die meisten Lernziele erreicht.	In Fach Deutsch hat X schon ein paar Lernziele erreicht.
X bildet vollständige Sätze und spricht sehr deutlich.	X bildet meist vollständige Sätze und spricht deutlich.	X bildet nun schon vollständige Sätze und spricht immer deutlicher.
Beim Schreiben hält X sich an vorgegebene Schrittfolgen und schreibt seine Gedanken geordnet und sauber auf.	Beim Schreiben hält X sich meist an vorgegebene Schrittfolgen und schreibt seine Gedanken geordnet auf.	Beim Schreiben versucht X, sich an vorgegebene Schrittfolgen zu halten, und schreibt seine Gedanken auf.

3.1.2 Lesen

Note 1–2 Sehr gute bis gute Leistungen	Note 3–4 Befriedigende bis ausreichende Leistungen	Note 5–6 Mangelhafte bis ungenügende Leistungen
X hat bereits ein vorbildliches Sprachgefühl entwickelt und ordnet den Lauten immer die richtigen Buchstaben zu.	X hat ein Sprachgefühl entwickelt und ordnet den Lauten meistens die richtigen Buchstaben zu.	X versucht, ein Sprachgefühl zu entwickeln, und ordnet den Lauten immer öfter die richtigen Buchstaben zu.
X erliest vorbildlich die Wörter und versteht diese auch sinngemäß.	X erliest einzeln die Wörter und versteht diese auch sinngemäß.	X erliest einzelne Worte und versteht diese auch manchmal sinngemäß.
X erliest sehr gut Sätze und versteht deren Inhalt.	X erliest Sätze und versteht deren Inhalt.	X erliest einzelne Sätze schon immer besser und versucht, deren Inhalt zu verstehen.
X erliest und versteht Texte inhaltlich, auch bei schwierigeren Wörtern.	X erliest und versteht Texte inhaltlich, auch manchmal schon bei schwierigeren Wörtern.	X versucht, Texte inhaltlich zu verstehen.
Fragen zu Gelesenem kann X bereits richtig beantworten.	Fragen zu Gelesenem kann X schon immer öfter richtig beantworten.	Fragen zu Gelesenem versucht X, bereits richtig beantworten.
X kann bereits kurze schriftliche Arbeitsaufträge erlesen und danach handeln.	X kann meistens kurze schriftliche Arbeitsaufträge erlesen und danach handeln.	X versucht bereits, kurze schriftliche Arbeitsaufträge zu erlesen und danach zu handeln.
Da X sich die gelernten Laute und Buchstaben fest eingeprägt hat, kann er neue Wörter und Sätze bereits allein erlesen.	Da X sich die gelernten Laute und Buchstaben fast alle eingeprägt hat, kann er neue Wörter und Sätze meist allein erlesen.	X versucht, sich die gelernten Laute und Buchstaben fest einzuprägen, und kann neue Wörter und Sätze manchmal schon allein erlesen.
Geübte Texte liest X betont vor.	Geübte Texte liest X meist betont vor.	Geübte Texte liest X immer besser vor.
Besondere Freude bereitet X das Lesen.	Freude bereitet X das Lesen.	Freude bereitet X manchmal schon das Lesen.
X beherrscht die Lesetechnik sicher und schnell.	X beherrscht die Lesetechnik recht sicher und schon zügig.	X beherrscht die Lesetechnik immer besser.
Besonders sind X' Leseleistungen hervorzuheben. Er kann bereits kleine Texte fließend vorlesen und deren Sinn entnehmen.	Besonders sind X' Leseleistungen hervorzuheben. Er kann bereits kleine Texte vorlesen und deren Sinn meist entnehmen.	Besonders sind X' Leseleistungen hervorzuheben. Er versucht bereits, Texte zu lesen und deren Sinn zu entnehmen.
X liest geübte Texte fließend und betont vor, neue erliest er ohne Hilfe.	X liest geübte Texte meist fließend und betont vor, neue erliest er weitgehend ohne Hilfe.	X versucht, geübte Texte vorzulesen und neue weitgehend ohne Hilfe zu erfassen.
Das Lesen hat X von Anfang an viel Freude bereitet. Er liest bekannte Texte mit Betonung vor und kann den Inhalt des Gelesenen mit eigenen Worten wiedergeben.	Das Lesen hat X von Anfang an viel Freude bereitet. Er liest bekannte Texte meist mit Betonung vor und kann den Inhalt des Gelesenen oft mit eigenen Worten wiedergeben.	Das Lesen hat X von Anfang an viel Freude bereitet. Er liest bereits Texte mit Hilfen vor und kann den Inhalt des Gelesenen immer öfter mit Worten wiedergeben.

Note 1–2 Sehr gute bis gute Leistungen	Note 3–4 Befriedigende bis ausreichende Leistungen	Note 5–6 Mangelhafte bis ungenügende Leistungen
Weil X sich Geschichten mühelos erliest, gewinnt er zunehmend Freude an Kinderbüchern.	Weil X sich Geschichten erliest, gewinnt er zunehmend Freude an Kinderbüchern.	Weil X versucht, sich Geschichten zu erlesen, gewinnt er zunehmend Freude an Kinderbüchern.
X gehört zu den besten Lesern der Klasse.	X gehört zu den guten Lesern der Klasse.	X gehört zu den Lesern der Klasse.

3.1.3 Rechtschreibung

Note 1–2 Sehr gute bis gute Leistungen	Note 3–4 Befriedigende bis ausreichende Leistungen	Note 5–6 Mangelhafte bis ungenügende Leistungen
X erkennt alle erarbeiteten Laute und Buchstaben der Anlauttabelle auf Anhieb.	X erkennt meistens alle erarbeiteten Laute und Buchstaben der Anlauttabelle auf Anhieb.	X erkennt immer öfter die erarbeiteten Laute und Buchstaben der Anlauttabelle.
Das Einhalten der Wortgrenzen kann X sehr gut umsetzen.	Das Einhalten der Wortgrenzen kann X schon befriedigend umsetzen.	Das Einhalten der Wortgrenzen versucht X, gut umsetzen.
Druckbuchstaben schreibt X formgerecht, ordentlich und hält dabei die Lineatur immer ein.	Druckbuchstaben schreibt X meist formgerecht, ordentlich und hält dabei die Lineatur meistens ein.	Druckbuchstaben schreibt X immer öfter formgerecht und versucht dabei, die Lineatur einzuhalten.
X schreibt lauttreue Wörter sauber, ordentlich und richtig.	X schreibt lauttreue Wörter meistens sauber, ordentlich und richtig.	X versucht, lauttreue Wörter sauber, ordentlich und richtig zu schreiben.
X formt Buchstaben und Buchstabenverbindungen exakt und kann sehr gleichmäßig schreiben. Die meisten Lernwörter hat er sich schon fest eingeprägt.	X formt Buchstaben und Buchstabenverbindungen regelgerecht und kann meist gleichmäßig schreiben. Die meisten Lernwörter hat er sich schon eingeprägt.	X versucht, Buchstaben und Buchstabenverbindungen regelgerecht zu schreiben. Er versucht, sich die meisten Lernwörter fest einzuprägen.
Die gelernten Laute und Buchstaben hat X sich fest eingeprägt.	Die gelernten Laute und Buchstaben hat X sich meistens eingeprägt.	Die gelernten Laute und Buchstaben versucht X, sich fest einzuprägen.
X schreibt sehr sauber und gleichmäßig. Alle schriftlichen Übungen bewältigt er ohne Mühe und fehlerlos.	X schreibt meist sauber und gleichmäßig. Die schriftlichen Übungen bewältigt er oft fehlerlos.	X versucht, sauber und gleichmäßig zu schreiben. Die schriftlichen Übungen versucht er zu bewältigen.
X hat fleißig im Wörterheft geübt. Deshalb unterlaufen ihm nur sehr selten Fehler.	X hat fleißig im Wörterheft geübt. Deshalb unterlaufen ihm nur wenige Fehler.	X hat im Wörterheft geübt. Deshalb unterlaufen ihm nicht mehr ganz so viele Fehler.

3.2 Mathematik

3.2.1 Arithmetik

Note 1–2 Sehr gute bis gute Leistungen	Note 3–4 Befriedigende bis ausreichende Leistungen	Note 5–6 Mangelhafte bis ungenügende Leistungen
X schreibt die Ziffern bis 20 formgerecht und sehr ordentlich.	X schreibt die Ziffern bis 20 immer öfter formgerecht und ordentlich.	X versucht, die Ziffern bis 20 formgerecht und ordentlich zu schreiben.
X hat den Zahlenraum bis 20 sicher erfasst.	X hat den Zahlenraum bis 20 fast sicher erfasst.	X ist im Zahlenraum bis 20 schon immer sicherer geworden.
Beziehungen zwischen Zahlen (Vorgänger, Nachfolger, größer, kleiner, Hälfte, Doppelte) hat X erfasst und kann sie problemlos beschreiben.	Beziehungen zwischen Zahlen (Vorgänger, Nachfolger, größer, kleiner, Hälfte, Doppelte) hat X erfasst und kann sie meistens beschreiben.	Beziehungen zwischen Zahlen (Vorgänger, Nachfolger, größer, kleiner, Hälfte, Doppelte) versucht X zu erfassen und zu beschreiben.
X löst die gelernten Additionsaufgaben sicher und zielgerichtet.	X löst die gelernten Additionsaufgaben immer sicherer und zielgerichteter.	X versucht, die gelernten Additionsaufgaben sicher und zielgerichtet zu lösen.
Auch die gelernten Subtraktionsaufgaben werden sicher und gekonnt gelöst.	Auch die gelernten Subtraktionsaufgaben werden meistens sicher und gekonnt gelöst.	Auch die gelernten Subtraktionsaufgaben versucht X zu lösen.
Die Kopfrechenaufgaben bearbeitet X mit viel Freude und stets sicher.	Die Kopfrechenaufgaben bearbeitet X mit Freude und oft schon sicher.	Die Kopfrechenaufgaben versucht X, immer besser und selbstständig zu lösen.
X setzt Rechenvorteile geschickt ein.	X setzt Rechenvorteile schon geschickt ein.	X versucht, Rechenvorteile einzusetzen.
Einfache kombinatorische Aufgaben löst X sicher und schnell.	Einfache kombinatorische Aufgaben löst X immer sicherer und manchmal schon schnell.	Einfache kombinatorische Aufgaben versucht X zu lösen.
In Mathematik löst X bekannte Aufgaben schnell und zielstrebig. Er erkennt Zusammenhänge zwischen den Rechenoperationen.	In Mathematik löst X bekannte Aufgaben meistens schnell und zielstrebig. Er erkennt immer öfter Zusammenhänge zwischen den Rechenoperationen.	In Mathematik löst X bekannte Aufgaben immer sicherer. Er kann jetzt schon Zusammenhänge zwischen den Rechenoperationen erkennen.
X ist sicher in der Lage, Mengen zu vergleichen, Zahlen zu ordnen und Größen zu schätzen.	X ist meist in der Lage, Mengen zu vergleichen, Zahlen zu ordnen und Größen zu schätzen.	X ist nun schon öfter in der Lage, Mengen zu vergleichen, Zahlen zu ordnen und Größen zu schätzen.
Es gelingt X sicher, Mengen- und Größenvorstellungen zu entwickeln und diese bildnerisch darzustellen.	Es gelingt X, Mengen- und Größenvorstellungen zu entwickeln und diese bildnerisch darzustellen.	X versucht, Mengen- und Größenvorstellungen zu entwickeln und diese bildnerisch darzustellen.
X hat die Grundaufgaben der Addition und Subtraktion verstanden und kann Beziehungen zwischen den Operationen herstellen.	X hat die Grundaufgaben der Addition und Subtraktion zum größten Teil verstanden und kann Beziehungen zwischen den Operationen herstellen.	X hat die Grundaufgaben der Addition und Subtraktion zum Teil verstanden und versucht, Beziehungen zwischen den Operationen herstellen.

Note 1–2 Sehr gute bis gute Leistungen	Note 3–4 Befriedigende bis ausreichende Leistungen	Note 5–6 Mangelhafte bis ungenügende Leistungen
X nutzt Regeln und bekannte Rechenverfahren, um Lösungen zu finden und zu prüfen.	X nutzt immer öfter Regeln und bekannte Rechenverfahren, um Lösungen zu finden und zu prüfen.	X nutzt mit Hilfe Regeln und bekannte Rechenverfahren, um Lösungen zu finden und zu prüfen.
X kann ausdauernd und konzentriert mathematische Übungen bearbeiten und erzielt entsprechende Ergebnisse. Bei Gruppenarbeiten achtet er auf schwächere Schüler und erklärt ihnen Lösungswege.	X kann überwiegend ausdauernd und konzentriert mathematische Übungen bearbeiten und erzielt entsprechende Ergebnisse. Bei Gruppenarbeiten achtet er oft auf schwächere Schüler und erklärt ihnen Lösungswege.	X versucht, ausdauernd und konzentriert mathematische Übungen zu bearbeiten, und erzielt entsprechende Ergebnisse. Bei Gruppenarbeiten achtet er auf andere Schüler und versucht, ihnen Lösungswege zu erklären.
X kann alle Aufgaben im behandelten Zahlenraum sicher lösen. Das Rechnen mit Geldbeträgen bereitet ihm keine Schwierigkeiten. Er beweist beim schriftlichen Arbeiten große Ausdauer, Sorgfalt und Genauigkeit.	X kann alle Aufgaben im behandelten Zahlenraum lösen. Das Rechnen mit Geldbeträgen bereitet ihm meist keine Schwierigkeiten. Er beweist beim schriftlichen Arbeiten Ausdauer, Sorgfalt und Genauigkeit.	X kann Aufgaben im behandelten Zahlenraum lösen. Das Rechnen mit Geldbeträgen bereitet ihm noch gelegentlich Schwierigkeiten. Er beweist beim schriftlichen Arbeiten Ausdauer.
In Mathematik löst X die Aufgaben im behandelten Zahlenbereich sicher und schnell, rechnet vorteilhaft und kann geschickt mit Größen umgehen.	In Mathematik löst X die Aufgaben im behandelten Zahlenbereich schon recht sicher und zügig, rechnet oft vorteilhaft und kann meist geschickt mit Größen umgehen.	In Mathematik löst X die Aufgaben im behandelten Zahlenbereich und kann mit Größen umgehen.
Besondere Stärken zeigt X auf mathematischem Gebiet. Er besitzt eine rasche Auffassungsgabe und beherrscht die Grundaufgaben gedächtnismäßig. Geschickt kann er mit Geldbeträgen umgehen und entsprechende Sachaufgaben fehlerfrei lösen.	Besonderes Interesse zeigt X auf mathematischem Gebiet. Er besitzt meist eine rasche Auffassungsgabe und löst die Grundaufgaben gedächtnismäßig. Geschickt versucht er, mit Geldbeträgen umzugehen und entsprechende Sachaufgaben zu lösen.	Besonderes Interesse zeigt X auf mathematischem Gebiet. Er besitzt gelegentlich eine rasche Auffassungsgabe und kann Grundaufgaben lösen. Er versucht, mit Geldbeträgen umzugehen und Sachaufgaben zu lösen.
X rechnet fehlerfrei und ohne Hilfsmittel. Sicherheit besteht beim Vergleichen und Ordnen der Zahlen sowie beim Schreiben und Lesen der Ziffern.	X rechnet ohne Hilfsmittel. Sicherheit besteht meistens beim Vergleichen und Ordnen der Zahlen sowie beim Schreiben und Lesen der Ziffern.	X rechnet meistens schon ohne Hilfsmittel. Sicherheit besteht jetzt öfter beim Vergleichen und Ordnen der Zahlen sowie beim Schreiben und Lesen der Ziffern.
Sehr sicher kann X den Mengen Zahlen zuordnen und den Vorgänger und Nachfolger bestimmen.	Sicher kann X den Mengen Zahlen zuordnen und den Vorgänger und Nachfolger bestimmen.	Immer sicherer kann X den Mengen Zahlen zuordnen und den Vorgänger und Nachfolger bestimmen.
Das Ordnen und Beschreiben mathematischer Gegenstände bereitet X viel Freude.	Das Ordnen und Beschreiben mathematischer Gegenstände bereitet X meist viel Freude.	Das Ordnen und Beschreiben mathematischer Gegenstände bereitet X immer mehr Freude.

Note 1–2 Sehr gute bis gute Leistungen	Note 3–4 Befriedigende bis ausreichende Leistungen	Note 5–6 Mangelhafte bis ungenügende Leistungen
Da X' Vorstellungsvermögen sehr gut entwickelt ist, hat er beim Rechnen mit Größen keine Schwierigkeiten.	Da X' Vorstellungsvermögen schon befriedigend entwickelt ist, hat er beim Rechnen mit Größen kaum Schwierigkeiten.	Da X' Vorstellungsvermögen noch nicht so gut entwickelt ist, hat er beim Rechnen mit Größen noch manchmal Schwierigkeiten.
Neue Aufgabenformen sowie das Umdenken von einer Rechenart in die andere bereiten X keine Schwierigkeiten.	Neue Aufgabenformen sowie das Umdenken von einer Rechenart in die andere bereiten X meist keine große Schwierigkeiten.	Neue Aufgabenformen sowie das Umdenken von einer Rechenart in die andere bereiten X manchmal noch Schwierigkeiten.

3.2.2 Geometrie

Note 1–2 Sehr gute bis gute Leistungen	Note 3–4 Befriedigende bis ausreichende Leistungen	Note 5–6 Mangelhafte bis ungenügende Leistungen
X kennt die Lagebeziehungen und kann sich damit im Raum vorbildlich orientieren.	X kennt die Lagebeziehungen schon recht gut und kann sich damit im Raum meistens orientieren.	X kann die Lagebeziehungen manchmal schon benennen und kann sich damit im Raum orientieren.
X erkennt sofort Symmetrien, die er zeigen und benennen kann.	X erkennt meistens Symmetrien, die er zeigen und benennen kann.	X erkennt gelegentlich Symmetrien, die er zu zeigen versucht.
Geometrische Grundformen kann X problemlos erkennen und benennen. Dies bereitet ihm viel Freude.	Geometrische Grundformen kann X immer öfter erkennen und benennen. Dies bereitet ihm viel Freude.	Geometrische Grundformen kann X jetzt schon manchmal erkennen und benennen. Dies bereitet ihm viel Freude.
Gesetzmäßigkeiten in Reihen und Mustern kann X sicher erkennen und fortsetzen.	Gesetzmäßigkeiten in Reihen und Mustern kann X oft schon erkennen und fortsetzen.	X bemüht sich sehr, Gesetzmäßigkeiten in Reihen und Mustern zu erkennen und fortzusetzen.

Note 1–2 Sehr gute bis gute Leistungen	Note 3–4 Befriedigende bis ausreichende Leistungen	Note 5–6 Mangelhafte bis ungenügende Leistungen
X hat sich Grundwissen und Grundfertigkeiten im Bereich Geld angeeignet und kann damit hervorragend rechnen.	X hat sich Grundwissen und Grundfertigkeiten im Bereich Geld angeeignet und kann damit befriedigend rechnen.	X hat sich Grundwissen und Grundfertigkeiten im Bereich Geld angeeignet und versucht, damit zu rechnen.
Zu einer Rechengeschichte findet X immer eine entsprechende Aufgabe und löst sie sicher und schnell.	Zu einer Rechengeschichte findet X immer öfter eine entsprechende Aufgabe und löst diese auch selbstständig.	Zu einer Rechengeschichte versucht X, eine entsprechende Aufgabe zu finden.
Orientierungsübungen nutzt X gezielt, um Lagebeziehungen zwischen verschiedenen Objekten besser beschreiben zu können.	Orientierungsübungen nutzt X, um Lagebeziehungen zwischen verschiedenen Objekten besser beschreiben zu können.	Orientierungsübungen versucht X, gezielt zu nutzen, um Lagebeziehungen zwischen verschiedenen Objekten beschreiben zu können.
X besitzt ein sehr gutes räumliches Vorstellungsvermögen und kann Veränderungsprozesse bestimmen.	X besitzt ein befriedigendes räumliches Vorstellungsvermögen und kann Veränderungsprozesse meist bestimmen.	X besitzt manchmal ein räumliches Vorstellungsvermögen und kann Veränderungsprozesse gelegentlich bestimmen.
Das Bestimmen geometrischer Formen und Figuren bereitet X keine Schwierigkeiten.	Das Bestimmen geometrischer Formen und Figuren bereitet X meist keine Schwierigkeiten.	Das Bestimmen geometrischer Formen und Figuren bereitet X gelegentlich Schwierigkeiten.
Freihandzeichnungen, aber auch Darstellungen mit verschiedenen geometrischen Hilfsmitteln gelingen X sehr gut.	Freihandzeichnungen, aber auch Darstellungen mit verschiedenen geometrischen Hilfsmitteln gelingen X zunehmend gut.	Freihandzeichnungen, aber auch Darstellungen mit verschiedenen geometrischen Hilfsmitteln gelingen X schon besser.
Bei Darstellungen von Körpern aus verschiedenen Materialien beweist X manuelles Geschick und Kreativität.	Bei Darstellungen von Körpern aus verschiedenen Materialien beweist X immer öfter manuelles Geschick und Kreativität.	Bei Darstellungen von Körpern aus verschiedenen Materialien beweist X schon mal Geschick und Kreativität.
Körper und Figuren kann X sehr gut erkennen, benennen, beschreiben und darstellen.	Körper und Figuren kann X erkennen, benennen, beschreiben und darstellen.	Körper und Figuren kann X gelegentlich erkennen, benennen, beschreiben und darstellen.
Beim Zusammenlegen oder Zerlegen von Körpern besitzt X ein klares Vorstellungsvermögen.	Beim Zusammenlegen oder Zerlegen von Körpern besitzt X meist ein klares Vorstellungsvermögen.	Beim Zusammenlegen oder Zerlegen von Körpern besitzt X manchmal schon ein klares Vorstellungsvermögen.
X erkennt geometrische Objekte in der Umwelt wieder und bestimmt sie sicher.	X erkennt geometrische Objekte in der Umwelt wieder und bestimmt sie.	X versucht, geometrische Objekte in der Umwelt zu erkennen und sie zu bestimmen.
Geometrische Übungen bereiten X viel Freude. Es gelingt X, die Erfolgserlebnisse auf diesem Gebiet positiv auf den gesamten Mathematikunterricht zu übertragen.	Geometrische Übungen bereiten X meistens Freude. Es gelingt X immer öfter, die Erfolgserlebnisse auf diesem Gebiet positiv auf den gesamten Mathematikunterricht zu übertragen.	Geometrische Übungen bereiten X gelegentlich Freude. Es gelingt X dann, die Erfolgserlebnisse auf diesem Gebiet positiv auf den gesamten Mathematikunterricht zu übertragen.

3.3 Sachunterricht

Note 1–2 Sehr gute bis gute Leistungen	**Note 3–4 Befriedigende bis ausreichende Leistungen**	**Note 5–6 Mangelhafte bis ungenügende Leistungen**
X arbeitet an allen Themen des Sachunterrichts interessiert und aktiv mit.	X arbeitet an vielen Themen des Sachunterrichts interessiert und aktiv mit.	X arbeitet an den für ihn interessanten Themen des Sachunterrichts aktiv mit.
X kann zu allen Themen sein hervorragendes Vorwissen einbringen.	X kann zu vielen Themen sein Vorwissen einbringen.	X kann zu einzelnen Themen auch ein Vorwissen einbringen.
Sachverhalte kann X detailliert beobachten und exakt aufschreiben.	Sachverhalte kann X genau beobachten und aufschreiben.	Sachverhalte kann X beobachten und manchmal schon aufschreiben.
Fachbegriffe hat X richtig gelernt und kann diese auch richtig verwenden.	Fachbegriffe hat X gelernt und kann diese auch schon öfter richtig verwenden.	Fachbegriffe versucht X, richtig zu lernen und kann diese manchmal auch richtig verwenden.

3.4 Englisch

Note 1–2 Sehr gute bis gute Leistungen	**Note 3–4 Befriedigende bis ausreichende Leistungen**	**Note 5–6 Mangelhafte bis ungenügende Leistungen**
X zeigt sehr viel Interesse an der englischen Sprache und bringt sich aktiv ins Unterrichtsgeschehen ein.	X zeigt Interesse an der englischen Sprache und bringt sich immer öfter aktiv ins Unterrichtsgeschehen ein.	X zeigt gelegentlich schon Interesse an der englischen Sprache und versucht, sich ins Unterrichtsgeschehen einzubringen.
Wesentliche Inhalte von Gesprochenem mit vertrautem Wortschatz versteht X immer sofort und setzt Anweisungen richtig um.	Wesentliche Inhalte von Gesprochenem mit vertrautem Wortschatz versteht X meistens sofort und setzt Anweisungen oft richtig um.	Wesentliche Inhalte von Gesprochenem mit vertrautem Wortschatz versteht X immer öfter und versucht, Anweisungen richtig umzusetzen.
X spricht geübte Wörter und Redewendungen immer korrekt aus.	X spricht geübte Wörter und Redewendungen meistens korrekt aus.	X ist immer bemüht, geübte Wörter und Redewendungen korrekt auszusprechen.
In vertrauten Gesprächssituationen mit geübten sprachlichen Mitteln kann X sich mit anderen Schülern sehr gut verständigen.	In vertrauten Gesprächssituationen mit geübten sprachlichen Mitteln kann X sich mit anderen Schülern immer öfter verständigen.	In vertrauten Gesprächssituationen mit geübten sprachlichen Mitteln kann X sich mit anderen Schülern manchmal schon alleine verständigen.

Note 1–2 Sehr gute bis gute Leistungen	**Note 3–4 Befriedigende bis ausreichende Leistungen**	**Note 5–6 Mangelhafte bis ungenügende Leistungen**
Einzelne Teilaspekte von Gehörtem kann X auf Deutsch wiedergeben.	Einzelne Teilaspekte von Gehörtem kann X immer öfter auf Deutsch wiedergeben.	Einzelne Teilaspekte von Gehörtem kann X gelegentlich auf Deutsch wiedergeben.
An Gesprächen im Englischunterricht nimmt X gern teil. Er verfügt über eine sehr gut verständliche Aussprache und gebraucht häufig wiederkehrende Wendungen aus seiner Erfahrungswelt sicher.	An Gesprächen im Englischunterricht nimmt X gern teil. Er verfügt über eine verständliche Aussprache und gebraucht häufig wiederkehrende Wendungen aus seiner Erfahrungswelt.	An Gesprächen im Englischunterricht nimmt X meist gern teil. Er verfügt gelegentlich über eine verständliche Aussprache und gebraucht häufig wiederkehrende Wendungen aus seiner Erfahrungswelt.
Im Englischunterricht kann X unter Verwendung von Stichworten oder mithilfe von Bildern wesentliche Informationen aus einem gehörten oder gelesenen Text wiedergeben. Beim schriftlichen Verfassen einfacher Sätze und Mitteilungen nutzt er vorhandene Vorlagen zielgerichtet.	Im Englischunterricht kann X unter Verwendung von Stichworten oder mithilfe von Bildern wesentliche Informationen aus einem gehörten oder gelesenen Text immer öfter wiedergeben. Beim schriftlichen Verfassen einfacher Sätze und Mitteilungen nutzt er vorhandene Vorlagen noch etwas unsicher, sodass gelegentlich Fehler entstehen.	Im Englischunterricht kann X unter Verwendung von Stichworten oder mithilfe von Bildern wesentliche Informationen aus einem gehörten oder gelesenen Text mit Hilfe gelegentlich wiedergeben. Beim schriftlichen Verfassen einfacher Sätze und Mitteilungen nutzt er vorhandene Vorlagen noch sehr unsicher, sodass Fehler entstehen.
X kann englischsprachige Arbeitsanweisungen und Erläuterungen verstehen. Um alle Aufgaben bewältigen zu können, orientiert X sich an Bildwörterbüchern.	X bemüht sich, englischsprachige Arbeitsanweisungen und Erläuterungen zu verstehen. Um alle Aufgaben bewältigen zu können, orientiert X sich auch am Handeln der Mitschüler oder nutzt Bildwörterbücher.	X bemüht sich immer besser, englischsprachige Arbeitsanweisungen und Erläuterungen zu verstehen. Um alle Aufgaben bewältigen zu können, orientiert X sich oft am Handeln der Mitschüler oder nutzt Bildwörterbücher.
X kann sich englische Lautfolgen sehr gut einprägen und neue Wörter verständlich aussprechen. Er nimmt aktiv am Englischunterricht teil.	Obwohl X Übungszeit benötigt, um sich englische Lautfolgen einzuprägen und neue Wörter verständlich auszusprechen, bemüht er sich immer um eine aktive Teilnahme am Englischunterricht.	Obwohl X viel Übungszeit benötigt, um sich englische Lautfolgen einzuprägen und neue Wörter verständlich auszusprechen, bemüht er sich um eine aktive Teilnahme am Englischunterricht.

3.5 Kunst

Note 1–2 Sehr gute bis gute Leistungen	Note 3–4 Befriedigende bis ausreichende Leistungen	Note 5–6 Mangelhafte bis ungenügende Leistungen
X zeigt gern Interesse, Offenheit und Experimentierfreude im Kunstunterricht.	X zeigt öfter gern Interesse, Offenheit und Experimentierfreude im Kunstunterricht.	X ist offener geworden und zeigt nun schon gern Interesse und Experimentierfreude im Kunstunterricht.
X hält sich immer korrekt an Themenstellungen, Techniken und Gestaltungsvorlagen.	X kann sich korrekt an Themenstellungen, Techniken und Gestaltungsvorlagen halten.	X versucht, sich an Themenstellungen, Techniken und Gestaltungsvorlagen zu halten.
Kunstwerke von X sind mit viel Ausdruckskraft und Kreativität gestaltet.	Kunstwerke von X sind häufig mit Ausdruckskraft und Kreativität gestaltet.	X bemüht sich, die eigenen Kunstwerke mit Ausdruckskraft und Kreativität zu gestalten.
Mit Zeit geht X sehr planvoll um und führt Aufgaben sorgfältig zu Ende.	Mit Zeit geht X immer planvoller um und führt Aufgaben sorgfältig zu Ende.	Mit Zeit versucht X, planvoll umzugehen und führt Aufgaben zu Ende.
Im Kunstunterricht erfasst X die Gestaltungsaufgabe und setzt sie originell und kreativ um.	Im Kunstunterricht erfasst X meistens die Gestaltungsaufgabe und setzt sie originell und kreativ um.	Im Kunstunterricht erfasst X die Gestaltungsaufgabe gelegentlich auch ohne Hilfe und setzt sie originell und kreativ um.
X bereichert den Unterricht durch eigene Ideen und hat praktische Vorschläge für deren Umsetzung.	X bereichert den Unterricht öfter durch eigene Ideen und hat praktische Vorschläge für deren Umsetzung.	X bereichert den Unterricht gelegentlich auch schon durch eigene Ideen und hat praktische Vorschläge für deren Umsetzung.
X' Fähigkeiten im künstlerischen Bereich sind sehr gut entwickelt und es ist seinen Bildern anzusehen, dass er mit viel Freude an ihnen gearbeitet hat.	X' Fähigkeiten im künstlerischen Bereich sind befriedigend entwickelt und es ist seinen Bildern anzusehen, dass er mit Freude an ihnen gearbeitet hat.	X' Fähigkeiten im künstlerischen Bereich sind entwickelt und es ist seinen Bildern anzusehen, dass er meist mit Freude an ihnen gearbeitet hat.
X kann eine Geschichte künstlerisch so geschickt darstellen, dass der Betrachter den Inhalt versteht.	X kann eine Geschichte künstlerisch meist so darstellen, dass der Betrachter den Inhalt versteht.	X kann eine Geschichte künstlerisch gelegentlich schon so darstellen, dass der Betrachter den Inhalt versteht.
Beim Malen, Zeichnen oder Basteln zeigt X große Fingerfertigkeit.	Beim Malen, Zeichnen oder Basteln zeigt X meist Fingerfertigkeit.	Beim Malen, Zeichnen oder Basteln zeigt X manchmal Fingerfertigkeit.
X geht mit Wasserfarben sehr sauber um und hinterlässt seinen Arbeitsplatz ordentlich.	X geht mit Wasserfarben meistens sauber um und hinterlässt seinen Arbeitsplatz häufig ordentlich.	X geht mit Wasserfarben gelegentlich schon sauber um und hinterlässt seinen Arbeitsplatz immer häufiger ordentlich.
Beim Malen und Gestalten zeigt X viel Liebe zum Detail.	Beim Malen und Gestalten hat X Liebe zum Detail entwickelt.	Beim Malen und Gestalten gewinnt X immer mehr Liebe zum Detail.
X löst viele Aufgaben strukturiert und mit viel Ausdauer.	X löst viele Aufgaben meistens strukturiert und mit Ausdauer.	X löst viele Aufgaben mit Hilfe strukturiert und manchmal mit Ausdauer.

3.6 Musik

Note 1–2 Sehr gute bis gute Leistungen	Note 3–4 Befriedigende bis ausreichende Leistungen	Note 5–6 Mangelhafte bis ungenügende Leistungen
Motivation und sehr viel Interesse zeigt X am Musikunterricht, der ihm sichtlich Spaß macht.	Motivation und häufiges Interesse zeigt X am Musikunterricht, der ihm Spaß macht.	Motivation und manchmal schon Interesse zeigt X am Musikunterricht, der ihm teilweise Spaß macht.
X begleitet gekonnt und mit viel Feingefühl Lieder auf Instrumenten.	X begleitet manchmal Lieder auf Instrumenten.	X versucht, Lieder auf Instrumenten zu begleiten, wobei er sich viel Mühe gibt.
X setzt sich kreativ mit Musik auseinander und zeigt hierbei sein großes Interesse.	X setzt sich manchmal kreativ mit Musik auseinander und zeigt hierbei sein Interesse.	X setzt sich mit Musik auseinander und zeigt hierbei gelegentlich Interesse.
Gelernte Lieder singt X sehr schön artikuliert und sicher.	Gelernte Lieder singt X artikuliert und immer sicherer.	Gelernte Lieder versucht X, artikuliert und sicher zu singen.
Verschiedene Instrumente kann X sicher benennen und beschreiben.	Verschiedene Instrumente kann X benennen und manchmal auch beschreiben.	Verschiedene Instrumente versucht X zu benennen.
Am Musikunterricht zeigt X großes Interesse. Er erlernt den Text und die Melodie neuer Lieder schnell, singt mit klarer Stimme und bereichert viele Stunden durch die Weitergabe seiner Kenntnisse aus der Musikschule.	Am Musikunterricht zeigt X Interesse. Er erlernt den Text und die Melodie neuer Lieder meist schnell, singt mit klarer Stimme und bereichert einige Stunden durch die Weitergabe seiner Kenntnisse aus der Musikschule.	Am Musikunterricht zeigt X Interesse. Er erlernt den Text und die Melodie neuer Lieder, singt mit klarer Stimme und bereichert manchmal die Stunden durch die Weitergabe seiner Kenntnisse aus der Musikschule.
X singt gern und gewinnt mit Freude neue Informationen über Musik.	X singt meistens gern und gewinnt mit Freude neue Informationen über Musik.	X singt manchmal schon gern und gewinnt mit Freude neue Informationen über Musik.
Bei musikalischen Aktionen arbeitet X gern mit anderen zusammen. Besonderes Geschick beweist er, wenn es gilt, Musik in Bewegung umzusetzen.	Bei musikalischen Aktionen arbeitet X meistens gern mit anderen zusammen. Besonderes Geschick beweist er öfter, wenn es gilt, Musik in Bewegung umzusetzen.	Bei musikalischen Aktionen arbeitet X freiwillig mit anderen zusammen. Besonderes Geschick beweist er manchmal, wenn es gilt, Musik in Bewegung umzusetzen.
X singt und musiziert gern im Klassenverband. Beim Vorbereiten umfangreicherer musikalischer Darbietungen hält er sich nicht zurück und beteiligt sich gern.	X singt und musiziert meistens gern im Klassenverband. Beim Vorbereiten umfangreicherer musikalischer Darbietungen hält er sich noch ein bisschen zurück, beteiligt sich aber trotzdem.	X singt und musiziert gern im Klassenverband. Beim Vorbereiten umfangreicherer musikalischer Darbietungen hält er sich noch zurück, kann sich aber bei Interesse beteiligen.
X findet Gefallen an musikalischen Bewegungsspielen. Das Unterscheiden von Klangeigenschaften verschiedener Instrumente gelingt ihm vorbildlich ohne Hilfe.	X findet Gefallen an musikalischen Bewegungsspielen. Das Unterscheiden von Klangeigenschaften verschiedener Instrumente gelingt ihm meist ohne Hilfe.	X findet Gefallen an musikalischen Bewegungsspielen. Das Unterscheiden von Klangeigenschaften verschiedener Instrumente gelingt ihm mit einiger Hilfe.

Note 1–2 Sehr gute bis gute Leistungen	Note 3–4 Befriedigende bis ausreichende Leistungen	Note 5–6 Mangelhafte bis ungenügende Leistungen
Das fehlerfreie Nachsingen gehörter Melodien bereitet X keine Schwierigkeiten. Beim Umgang mit Rhythmusinstrumenten kann er sich sehr gut an Klangbildern orientieren.	Das fehlerfreie Nachsingen gehörter Melodien bereitet X kaum Schwierigkeiten. Beim Umgang mit Rhythmusinstrumenten kann er sich jetzt schon besser an Klangbildern orientieren.	Das fehlerfreie Nachsingen gehörter Melodien bereitet X oft noch Schwierigkeiten. Beim Umgang mit Rhythmusinstrumenten kann er sich jetzt schon immer besser an Klangbildern orientieren.

3.7 Religion

Note 1–2 Sehr gute bis gute Leistungen	Note 3–4 Befriedigende bis ausreichende Leistungen	Note 5–6 Mangelhafte bis ungenügende Leistungen
X beteiligt sich aktiv an Gesprächen, Liedern und Ritualen im Religionsunterricht. Hierbei zeigt er durchgehend sein Interesse und Vorwissen.	X beteiligt sich an Gesprächen, Liedern und Ritualen im Religionsunterricht. Hierbei zeigt er immer öfter sein Interesse und Vorwissen.	X beteiligt sich manchmal schon an Gesprächen, Liedern und Ritualen im Religionsunterricht. Hierbei zeigt er durchaus manchmal Interesse.
Erzählungen aus der Bibel kennt X und kann diese auch komplett nacherzählen.	Erzählungen aus der Bibel kennt X häufiger und kann diese auch teilweise nacherzählen.	Erzählungen aus der Bibel kennt X gelegentlich.
X nutzt verschiedene Ausdrucksformen zum jeweiligen Unterrichtsthema, wobei er Talent und Hingabe beweist.	X nutzt verschiedene Ausdrucksformen zum jeweiligen Unterrichtsthema, wobei er häufig Interesse zeigt.	X kann verschiedene Ausdrucksformen zum jeweiligen Unterrichtsthema nutzen, wobei er gelegentlich Interesse zeigt.
X kann alle Feste und Bräuche im Jahreskreis der Kirche sicher benennen und auch beschreiben.	X kann die meisten Feste und Bräuche im Jahreskreis der Kirche sicher benennen und auch beschreiben.	X kann einzelne Feste und Bräuche im Jahreskreis der Kirche sicher benennen und auch beschreiben.
Ein wertschätzendes Miteinander von Menschen leitet X souverän aus biblischen Texten ab.	Ein wertschätzendes Miteinander von Menschen leitet X manchmal schon aus biblischen Texten ab.	X versucht, ein wertschätzendes Miteinander von Menschen aus biblischen Texten abzuleiten.

3.8 Sport

Note 1–2 Sehr gute bis gute Leistungen	Note 3–4 Befriedigende bis ausreichende Leistungen	Note 5–6 Mangelhafte bis ungenügende Leistungen
X lässt sich offen und motiviert auf den Sportunterricht ein und zeigt gern Anstrengungsbereitschaft.	X lässt sich nun schon offen und motiviert auf den Sportunterricht ein und zeigt immer öfter Anstrengungsbereitschaft.	X lässt sich nach Aufforderung nun schon gelegentlich auf den Sportunterricht ein und zeigt manchmal Anstrengungsbereitschaft.
X kann sich problemlos an die vereinbarten Sportregeln halten.	X kann sich an die vereinbarten Sportregeln halten.	X versucht, sich an die vereinbarten Sportregeln zu halten.
Einfache Spielideen erfasst X sicher und setzt diese zügig um.	Einfache Spielideen erfasst X und setzt diese um.	Einfache Spielideen versucht X zu erfassen und umzusetzen.
X verhält sich in Spiel- und Bewegungssituationen immer fair und verantwortungsbewusst.	X verhält sich in Spiel- und Bewegungssituationen meistens fair und verantwortungsbewusst.	X verhält sich in Spiel- und Bewegungssituationen jetzt schon öfter fair und verantwortungsbewusst.
Bei der Bewegungsfähigkeit zeigt X immer wieder großes Geschick und gute Koordination.	Bei der Bewegungsfähigkeit zeigt X immer häufiger großes Geschick und recht gute Koordination.	Bei der Bewegungsfähigkeit zeigt X gelegentlich Geschick und Koordination.
X bewegt sich angstfrei und sichtlich wohl im Wasser.	X bewegt sich meistens angstfrei und wohl im Wasser.	X bewegt sich nun schon angstfreier und sicherer im Wasser.
Vorgegebene Bewegungsformen führt X im schultertiefen Wasser sicher und korrekt aus.	Vorgegebene Bewegungsformen führt X im schultertiefen Wasser meistens sicher und korrekt aus.	Vorgegebene Bewegungsformen versucht X, im schultertiefen Wasser sicher und korrekt auszuführen.

3.9 Beispielzeugnisse

Beispiele für ein sehr gutes bis gutes Zeugnis

a) X ist ein sehr höflicher und mitteilsamer Schüler. Er sucht den Kontakt zu seinen Lehrkräften, erzählt gern von eigenen Erlebnissen und kann sehr schön mit anderen Schülern gemeinsam lernen und spielen. Es fällt X leicht, sich über einen längeren Zeitraum zu konzentrieren und alle gestellten Anforderungen in den Aufgaben zu erfüllen. Schriftliche Übungen unter einer bestimmten Zeitvorgabe gelingen ihm stets sehr gut. X erledigt alle Hausaufgaben gewissenhaft und übt oft zusätzlich. Lob und Lernerfolge spornen ihn an und bringen ihn noch weiter voran.

Das Lesen hat X schnell gelernt. Er liest geübte Texte fließend vor, spricht deutlich und bildet die Laute exakt aus. Beim Abschreiben und beim Übertragen von Druck- in Schreibschrift macht X keine Fehler. Einige Übungswörter kann er schon nach Diktat richtig aufschreiben. X führt seine Hefte sehr ordentlich und legt auch Wert auf die Schrägneigung der Buchstaben. Auch in Mathematik ist X sehr fleißig. Er lernt regelmäßig die Grundaufgaben und beherrscht diese bereits gedächtnismäßig. Er kann die Ziffern schreiben und die entsprechenden Mengen zuordnen.

Am gemeinsamen Gesang hat X große Freude. Gern trägt er Lieder vor. Beim Malen und Basteln fällt X der Umgang mit den Arbeitsgeräten und den verschiedenen Materialien leicht. Er beachtet Hinweise und braucht für gestalterische Aufgaben keine Hilfe. X ist ein bewegungsfreudiger Schüler. Er strengt sich im Sportunterricht sehr an. Wenn ihm die Ausführung einer Übung nicht gleich gelingt, bleibt er konzentriert und motiviert bei der Aufgabe. In Spielen setzt er sich stets aktiv für seine Mannschaft ein.

b) X hat schnell Kontakt zu seinen Lehrkräften und Mitschülern gefunden und kann sich an die Klassenregeln halten. Es gelingt ihm schon gut, auf kritische Hinweise umsichtig zu reagieren. Mit einem guten Allgemeinwissen und vielen eigenen Gedanken gestaltet er das Unterrichtsgeschehen aktiv mit. Er ist stets wissbegierig und gibt auch bei Schwierigkeiten nicht auf.

Mit viel Motivation hat X das Lesen gelernt. Jetzt kann er schon allen bekannten Buchstaben die richtigen Laute zuordnen, braucht keine Hilfe beim Zusammensetzen der Silben und erliest sehr viele neue Wörter bereits allein. Geübte Lesetexte trägt X in angemessenem Tempo mit Betonung vor. Fragen zum Inhalt beantwortet er sicher. X formt Buchstaben und Buchstabenverbindungen normangemessen. Beim Abschreiben und beim Übertragen von Druck- in Schreibschrift unterlaufen ihm keine Fehler. Die meisten Übungswörter hat er sich fest eingeprägt. Besondere Stärken zeigt X auf mathematischem Gebiet. Er besitzt eine gute Auffassungsgabe und beherrscht die gelernten Grundaufgaben gedächtnismäßig. Geschickt kann er mit Geldbeträgen umgehen und kleine Sachaufgaben lösen. Bei schriftlichen Rechenübungen lässt er die nötige Sorgfalt nicht vermissen.

Am Musikunterricht zeigt X großes Interesse. Den Text und die Melodie neuer Lieder erlernt er schnell. Mit Kenntnissen aus der Musikschule bereichert er viele Unterrichtsabschnitte. Sein Wissen über Farben und Mischtechniken wendet X in Kunsterziehung sicher an. In Werken bringt er sauber gestaltete Arbeitsergebnisse hervor. X treibt mit Freude Sport. Er ist geschickt und setzt sich für seine Mannschaft ein. Spielregeln begreift er schnell und gibt sie gern an andere Schüler weiter.

Beispiele für ein befriedigendes bis ausreichendes Zeugnis

a) X ist ein meist freundlicher und wissbegieriger Schüler. Weil er bescheiden und hilfsbereit auftritt, arbeiten seine Klassenkameraden gern mit ihm zusammen. Den Unterricht verfolgt X meistens aufmerksam. An vielen Gesprächen beteiligt er sich aktiv. Häufig bringt er dabei eigene Erlebnisse, Erfahrungen und Kenntnisse über die Umwelt ein. Immer besser gelingt es ihm, Antworten zusammenhängend zu formulieren und in angemessener Lautstärke vorzutragen.

Da X sich die gelernten Laute und Buchstaben fest eingeprägt hat, kann er jetzt neue Wörter und Sätze schon allein erlesen. Geübte Texte liest er oft betont vor. Beim Schreiben achtet X auf die korrekte Form der Buchstaben. X verbindet sie richtig und überträgt Druck- in Schreibschrift meist mit nur wenigen Fehlern. Viele Übungswörter kann er aus dem Gedächtnis richtig aufschreiben. In seinen Heften arbeitet X meistens sauber und übersichtlich. Auch in Mathematik kann X schriftliche Aufgaben lösen. An mündlichen Übungen beteiligt er sich zuweilen zögerlich, obwohl er auf ein altersgerechtes Wissen zurückgreifen kann. X hat fleißig die Grundaufgaben gelernt und rechnet teilweise schon ohne Hilfsmittel. Er erkennt Rechenvorteile und wendet bekannte Lösungswege manchmal schon an.

X singt meistens mit Freude und hat Spaß an musikalischen Bewegungsspielen. Er malt und bastelt gern, beherrscht die vermittelten Techniken und arbeitet meistens sorgfältig. Im Sportunterricht zeigt X sich überwiegend beweglich, ausdauernd und geschickt. Er bemüht sich um die richtige Ausführung aller Übungen und setzt sich in Spielen und Wettkämpfen begeistert für seine Mannschaft ein.

b) X ist ein lebhafter Schüler, der ungezwungen Beziehungen knüpft und mit Freude in die Schule geht. Lehrkräften und Mitschülern gegenüber ist er sehr mitteilsam. Er beteiligt sich aktiv am Unterricht, findet aber nicht immer die nötige Ruhe, um allen Erklärungen zuzuhören und sich ausdauernd auf ein bestimmtes Thema zu konzentrieren. Dann lenkt er gelegentlich auch andere Schüler ab.

Die meisten gelernten Laute und Buchstaben hat X sich eingeprägt. Er liest bekannte Texte manchmal schon sinnentsprechend vor und hat Spaß am Erlesen neuer Wörter und Sätze. Das Erlernen der Schreibschrift ist X schwergefallen. Er hat aber fleißig geübt und formt jetzt die meisten Buchstaben und Buchstabenverbindungen normangemessen. Die Zeilen hält er dabei immer öfter ein. Beim Abschreiben und Umsetzen von Druck- in Schreibschrift unterlaufen ihm immer weniger Fehler. Viele Wörter schreibt er bereits aus dem Gedächtnis richtig auf. Seine Hefte führt er schon übersichtlicher. X beherrscht die Zahlen bis 20 und löst einfache Aufgaben meist ohne Hilfe. Er erkennt mathematische Zusammenhänge und rechnet immer besser mit Geldbeträgen. Reserven liegen noch in der Bewältigung von Übungen unter einer bestimmten Zeitvorgabe.

Begeistert gestaltet X die Musikstunden mit. Erlernte Lieder kann er, bei Interesse, mit klarer Stimme vortragen. Fantasie zeigt X in Werken und Kunsterziehung. Er kennt die Arbeitstechniken, lässt es aber manchmal noch an der nötigen Sorgfalt fehlen. Weil X sich gern bewegt, hat er auch am Sportunterricht viel Freude. Er erfasst Spielregeln schnell und setzt sich in Wettkämpfen für seine Mannschaft über die Maße ein.

Beispiele für ein mangelhaftes bis ungenügendes Zeugnis

a) X ist gelegentlich ein verträglicher und ausgeglichener Schüler, der aufgrund seines meist freundlichen Auftretens bei Lehrkräften und Mitschülern angenommen wird. Den Unterrichtsverlauf gestaltet er immer öfter mit Zuspruch interessiert mit. Er ist stets wissbegierig, wodurch er seine Beteiligung nicht immer angemessen zügeln kann. Lobenswert engagiert er sich, wenn Schüler Schwierigkeiten beim Lernen haben. Gelegentlich zeigt er ein gutes Gespür für erforderliche Rücksichtnahme und Verständnis. X zeigt bei für ihn interessanten Themen eine angemessene Auffassungsgabe und begreift neue Unterrichtsinhalte mit Hilfe. So ist er manchmal in der Lage, zielstrebig und konzentriert zu arbeiten.

Er kann neue Wörter und Sätze mit der Lehrkraft erlesen und mit Betonung vortragen. Den Grundwortschatz beherrscht er immer sicherer und schreibt Sätze mit gegliederter Schrift ab. Er erzählt bei einigen Anlässen verständlich und zusammenhängend. In Mathematik führt er die geforderten Rechenoperationen mit Unterstützung aus. Er kann sogar mit Größen umgehen und kleinere Sachaufgaben lösen.

Musischen Tätigkeiten bringt X manchmal Freude und Interesse entgegen. Ohne Probleme erfasst er Lieder in Text, Melodie und Rhythmus. Im Kunstunterricht zeigt er Fantasie und malt ausgesprochen farbenfroh. X ist im Sportunterricht wendig und lässt nun auch ein faires Verhalten erkennen.

b) X ist in seiner Lerneinstellung sehr wechselhaft. Teilweise zeigt er Interesse und Aufmerksamkeit für das Unterrichtsgeschehen, schöpft aber auch in vielen Stundenabschnitten aufgrund mangelnder Anstrengungsbereitschaft sein Leistungsvermögen nicht aus. In den Pausen fällt es X noch sehr schwer, in Auseinandersetzungen mit anderen Mitschülern klarzukommen, da er nicht immer bereit ist, Spielregeln und Abmachungen einzuhalten.

Das Erledigen von schriftlichen Übungen bereitet ihm noch große Schwierigkeiten. Seine Mitarbeit ist sehr interessengebunden und unausgeglichen. Das Wort-Bild-Gedächtnis wird immer ausgeprägter, dennoch bereiten ihm sowohl das Abschreiben nach Vorlage als auch das Schreiben nach Diktat momentan große Schwierigkeiten. Eine sichere Lesetechnik entwickelt sich noch bei ihm. Das Erlesen von Silben gelingt mit Hilfe gelegentlich. Seinen Wortschatz muss X noch weiter ausbauen, um in einigen Situationen zu einer angemessenen Wortwahl zu finden. Beim Lernen der Grundaufgaben kann er noch genauer werden, da er Mengenvorstellungen besitzt und Wissen auch anwenden kann.

Für musische Tätigkeiten zeigt er manchmal Begeisterung. X malt und bastelt gern, setzt seine Ideen aber nicht immer zielgerichtet um. Im Sportunterricht zeigt er Anstrengungsbereitschaft. An außerunterrichtlichen Veranstaltungen nimmt X jetzt schon gern teil.

4 Formulierungen für die Klasse 2

Die folgenden Formulierungen können für die Klasse 2 der Grundschule Verwendung finden. Sie sind in drei Abstufungen formuliert.

4.1 Deutsch

4.1.1 Sprachgebrauch

Note 1–2 Sehr gute bis gute Leistungen	Note 3–4 Befriedigende bis ausreichende Leistungen	Note 5–6 Mangelhafte bis ungenügende Leistungen
X spricht deutlich und in angemessener Lautstärke zur Klasse.	X spricht meistens deutlich und in angemessener Lautstärke zur Klasse.	X spricht gelegentlich schon deutlich und in angemessener Lautstärke zur Klasse.
An Gesprächen beteiligt sich X gern.	An Gesprächen beteiligt sich X meistens gern.	An Gesprächen beteiligt sich X manchmal schon ohne Aufforderung.
X erzählt zusammenhängend, verständlich und folgerichtig.	X erzählt meistens zusammenhängend, verständlich und folgerichtig.	X erzählt jetzt schon öfter zusammenhängend, verständlich und folgerichtig.
Die Gesprächsregeln beachtet X vorbildlich.	Die Gesprächsregeln beachtet X meistens.	Die Gesprächsregeln beachtet X immer besser.
X verfügt über einen Wortschatz, der über sein Alter hinausgeht.	X verfügt über einen altersgemäßen Wortschatz.	X verfügt fast schon über einen altersgemäßen Wortschatz.
Die gelernten Wortarten kann X sehr gut auseinanderhalten und bestimmen.	Die gelernten Wortarten kann X auseinanderhalten und bestimmen.	Die gelernten Wortarten kann X immer mehr auseinanderhalten und bestimmen.
X entwickelt eigene fantasievolle Schreibideen.	X entwickelt meist eigene Schreibideen.	X entwickelt mit kleineren Hilfsmitteln jetzt schon eigene Schreibideen.
Eigene Texte schreibt X verständlich und sehr übersichtlich auf.	Eigene Texte schreibt X meistens verständlich und übersichtlich auf.	Eigene Texte schreibt X gelegentlich verständlich und manchmal übersichtlich auf.

4.1.2 Lesen

Note 1–2 Sehr gute bis gute Leistungen	Note 3–4 Befriedigende bis ausreichende Leistungen	Note 5–6 Mangelhafte bis ungenügende Leistungen
X erliest kurze schriftliche Arbeitsaufträge und handelt danach.	X kann kurze schriftliche Arbeitsaufträge erlesen und handelt meistens danach.	X kann immer öfter kurze schriftliche Arbeitsaufträge erlesen und handelt gelegentlich danach.
X liest und versteht altersgemäße Texte.	X liest und versteht meist altersgemäße Texte.	X versucht, altersgemäße Texte zu erlesen und zu verstehen.
X äußert sich gekonnt zu Texten und kann Fragen dazu sehr ausführlich beantworten.	X äußert sich zu Texten und kann Fragen dazu beantworten.	X äußert sich manchmal schon zu Texten und kann Fragen dazu mit Hilfe beantworten.
Texte kann X flüssig und betont sehr gut vorlesen.	Texte kann X meist flüssig und betont vorlesen.	Texte kann X mit Hilfe vorlesen und die Betonung gelingt ihm schon immer besser.
Beim Schreiben achtet X auf die korrekte Form der Buchstaben. Er verbindet sie richtig und überträgt Druckschrift mühelos in Schreibschrift. Viele Übungswörter kann er aus dem Gedächtnis fehlerfrei aufschreiben.	Beim Schreiben achtet X auf die korrekte Form der Buchstaben. Er verbindet sie meist richtig und überträgt Druckschrift in Schreibschrift. Viele Übungswörter kann er aus dem Gedächtnis fast fehlerfrei aufschreiben.	Beim Schreiben versucht X, auf die korrekte Form der Buchstaben zu achten. Er verbindet sie und überträgt Druckschrift in Schreibschrift. Viele Übungswörter kann er mit Hilfe aufschreiben.
Schnell erliest X kurze Texte selbstständig und kann Fragen zum Inhalt beantworten. Schriftliche Übungen in Deutsch gelingen ihm stets fehlerfrei. X formt alle Druck- und Schreibbuchstaben korrekt, schreibt gleichmäßig und führt seine Hefte sauber und übersichtlich.	Schnell erliest X kurze Texte überwiegend selbstständig und kann Fragen zum Inhalt meist beantworten. Schriftliche Übungen in Deutsch gelingen ihm öfter schon fehlerfrei. X formt alle Druck- und Schreibbuchstaben korrekt, schreibt meistens gleichmäßig und führt seine Hefte recht sauber und übersichtlich.	Schnell versucht X, kurze Texte selbstständig zu erlesen, und kann Fragen zum Inhalt mit Hilfe beantworten. Schriftliche Übungen in Deutsch gelingen ihm manchmal schon fehlerfrei. Er formt alle Druck- und Schreibbuchstaben korrekt, schreibt immer häufiger gleichmäßig und führt seine Hefte übersichtlicher.
X trägt bekannte Texte sinnentsprechend vor und liest neue fließend. Zunehmend erfasst er den Inhalt von Kinderbüchern und kann darüber erzählen. Von eigenen Erfahrungen berichtet X sehr gut, zusammenhängend und anschaulich.	X trägt bekannte Texte meistens sinnentsprechend vor und liest neue fast flüssig. Zunehmend erfasst er den Inhalt von Kinderbüchern und kann darüber erzählen. Von eigenen Erfahrungen berichtet X zusammenhängend und anschaulich.	X versucht, bekannte Texte sinnentsprechend vorzulesen. Zunehmend erfasst er den Inhalt von Kinderbüchern und kann darüber manchmal sogar schon erzählen. Von eigenen Erfahrungen berichtet X gerne.

Note 1–2 Sehr gute bis gute Leistungen	Note 3–4 Befriedigende bis ausreichende Leistungen	Note 5–6 Mangelhafte bis ungenügende Leistungen
X gehört zu den besten Lesern der Klasse. Er liest bekannte Texte sinnentsprechend vor, erliest neue Geschichten sowie umfangreichere Aufgabenstellungen allein und interessiert sich für Kinderbücher. Die Übungswörter hat er sich fest eingeprägt.	X gehört zu den Lesern der Klasse. Er liest bekannte Texte immer öfter sinnentsprechend vor, erliest neue Geschichten sowie umfangreichere Aufgabenstellungen fast schon allein und interessiert sich für Kinderbücher. Die Übungswörter hat er sich eingeprägt. Weil er zum Ende des Schuljahres wieder gleichmäßiger schreibt, sehen seine Hefte nun sauber aus.	X gehört fast schon zu den Lesern der Klasse. Er versucht, bekannte Texte sinnentsprechend zu lesen, erliest neue Geschichten sowie umfangreichere Aufgabenstellungen mit Hilfe und interessiert sich für Kinderbücher. Die Übungswörter hat er sich einzuprägen versucht. Weil er zum Ende des Schuljahres wieder gleichmäßiger schreibt, sehen seine Hefte nun sauberer aus.

4.1.3 Rechtschreibung

Note 1–2 Sehr gute bis gute Leistungen	Note 3–4 Befriedigende bis ausreichende Leistungen	Note 5–6 Mangelhafte bis ungenügende Leistungen
X schreibt formklar und hält die Lineatur immer sehr sauber ein.	X schreibt formklar und hält die Lineatur meistens ein.	X schreibt immer formklarer und hält die Lineatur oft ein.
X schreibt Texte fehlerfrei und sehr ordentlich ab.	X schreibt Texte meistens fehlerfrei und oft schon ordentlich ab.	X versucht, Texte fehlerfrei und leserlich abzuschreiben.
Erlernte Rechtschreibstrategien und -regeln kennt X und kann diese sinnvoll anwenden.	Erlernte Rechtschreibstrategien und -regeln kennt X und kann diese meistens anwenden.	Erlernte Rechtschreibstrategien und -regeln kennt X öfter und versucht, diese anzuwenden.
Den Grundwortschatz hat X regelmäßig geübt und behalten. Daher unterlaufen ihm keine Fehler.	Den Grundwortschatz hat X regelmäßig geübt. Daher unterlaufen ihm kaum Fehler.	Den Grundwortschatz hat X regelmäßig geübt. Daher unterlaufen ihm nicht mehr so viele Fehler.

4.2 Mathematik

4.2.1 Arithmetik

Note 1–2 Sehr gute bis gute Leistungen	Note 3–4 Befriedigende bis ausreichende Leistungen	Note 5–6 Mangelhafte bis ungenügende Leistungen
X orientiert sich sehr sicher im Zahlenraum bis 100.	X orientiert sich immer sicherer im Zahlenraum bis 100.	X orientiert sich schon ohne Hilfe im Zahlenraum bis 100.
Der Mathematikunterricht macht X sehr viel Freude. Er hat die Aufgaben im Zahlenraum bis 100 sicher automatisiert.	Der Mathematikunterricht macht X Freude. Er hat die Aufgaben im Zahlenraum bis 100 überwiegend automatisiert.	Der Mathematikunterricht macht X manchmal Freude. Er hat einen Teil der Aufgaben im Zahlenraum bis 100 automatisiert.
X löst Additionsaufgaben im Zahlenraum bis 100 sicher und gekonnt.	X löst Additionsaufgaben im Zahlenraum bis 100 immer sicherer.	X löst Additionsaufgaben im Zahlenraum bis 100 mit Hilfe.
Subtraktionsaufgaben im Zahlenraum bis 100 bereiten X keine Probleme.	Subtraktionsaufgaben im Zahlenraum bis 100 bereiten X kaum Probleme.	Subtraktionsaufgaben im Zahlenraum bis 100 bereiten X gelegentlich Probleme.
Zur Lösung verschiedener Aufgabentypen nutzt X bekannte Rechenstrategien.	Zur Lösung verschiedener Aufgabentypen nutzt X immer öfter bekannte Rechenstrategien.	Zur Lösung verschiedener Aufgabentypen nutzt X unter Einbeziehung bekannter Hilfsmittel Rechenstrategien.
X erkennt Gesetzmäßigkeiten und Muster auf Anhieb.	X erkennt Gesetzmäßigkeiten und Muster immer öfter auf Anhieb.	X erkennt Gesetzmäßigkeiten und Muster mit Hilfe.
X hat die Kernaufgaben des kleinen Einmaleins automatisiert.	X hat die Kernaufgaben des kleinen Einmaleins zum großen Teil automatisiert.	X hat die Kernaufgaben des kleinen Einmaleins teilweise automatisiert.
Einfache kombinatorische Aufgaben kann X sicher und schnell lösen.	Einfache kombinatorische Aufgaben kann X lösen.	Einfache kombinatorische Aufgaben kann X manchmal lösen.
Aus mathematischen Sachverhalten kann X Gleichungen herauslösen und sich klar und verständlich dazu äußern.	Aus mathematischen Sachverhalten kann X Gleichungen meistens herauslösen und sich verständlich dazu äußern.	Aus mathematischen Sachverhalten kann X Gleichungen mithilfe anderer manchmal herauslösen und sich dazu äußern.
Bei schriftlichen Übungen nutzt X bekannte Lösungsvarianten, arbeitet sauber und übersichtlich und tritt in den Austausch mit Mitschülern.	Bei schriftlichen Übungen nutzt X immer öfter bekannte Lösungsvarianten, arbeitet dabei meist sauber und übersichtlich und tritt in den Austausch mit Mitschülern.	Bei schriftlichen Übungen nutzt X unter Hinzunahme verschiedener Hilfsmittel bekannte Lösungsvarianten, arbeitet auch schon übersichtlicher und tritt in den Austausch mit Mitschülern.
Mühelos gelingt es X, den Größen die Repräsentanten zuzuordnen, sie zu vergleichen und zu messen.	Meistens gelingt es X, den Größen die Repräsentanten zuzuordnen, sie zu vergleichen und zu messen.	Immer wieder gelingt es X jetzt schon, den Größen die Repräsentanten zuzuordnen, sie zu vergleichen und zu messen.

Note 1–2 Sehr gute bis gute Leistungen	Note 3–4 Befriedigende bis ausreichende Leistungen	Note 5–6 Mangelhafte bis ungenügende Leistungen
X verfügt über klare Mengenvorstellungen im Zahlenraum bis 100 und rechnet die Grundaufgaben der Addition und der Subtraktion sicher ohne Anschauungsmittel.	X verfügt über Mengenvorstellungen im Zahlenraum bis 100 und rechnet die Grundaufgaben der Addition und der Subtraktion ohne Anschauungsmittel.	X verfügt über einzelne Mengenvorstellungen im Zahlenraum bis 100 und rechnet die Grundaufgaben der Addition und der Subtraktion mit Anschauungsmitteln.
Mit sehr viel Ideenreichtum beteiligt X sich an allen Mathematikstunden. X ist ein schneller Rechner und hat Freude am Knobeln und Kombinieren.	Mit Ideenreichtum beteiligt X sich immer öfter an den Mathematikstunden. Er ist ein ordentlicher Rechner und hat Freude am Knobeln und Kombinieren.	Mit Ideen möchte X sich an den Mathematikstunden beteiligen. Er versucht, ein schneller Rechner zu sein, und hat manchmal schon Freude am Knobeln und Kombinieren.
X beherrscht die Grundaufgaben der Addition und Subtraktion gedächtnismäßig. Auch Anwendungsaufgaben bereiten X keine Schwierigkeiten.	X löst die meisten Grundaufgaben der Addition und Subtraktion fast gedächtnismäßig. Auch Anwendungsaufgaben bereiten X kaum Schwierigkeiten.	X versucht, die Grundaufgaben der Addition und Subtraktion gedächtnismäßig zu lösen. Auch Anwendungsaufgaben gelingen X manchmal mit Hilfe.
Im Zahlenraum bis 100 rechnet X alle behandelten Additions- und Subtraktionsaufgaben problemlos.	Im Zahlenraum bis 100 rechnet X alle behandelten Additions- und Subtraktionsaufgaben schon recht gut.	Im Zahlenraum bis 100 rechnet X alle behandelten Additions- und Subtraktionsaufgaben mit Hilfe und Anschauungsmaterial.
In Mathematik hat X anwendungsbereite Kenntnisse. Seine Mengenvorstellungen sind sehr gut entwickelt.	In Mathematik hat X anwendungsbereite Kenntnisse. Seine Mengenvorstellungen sind befriedigend entwickelt.	In Mathematik hat X versucht, sich anwendungsbereite Kenntnisse anzueignen. Seine Mengenvorstellungen sind entwicklungsfähig.
Die Malfolgen hat X fleißig gelernt und kann sie übertragen und anwenden.	Die Malfolgen hat X fleißig gelernt und kann sie meist übertragen und anwenden.	Die Malfolgen hat X fleißig gelernt und kann sie mit Hilfe übertragen und anwenden.
Beim Erstellen von Umkehraufgaben zu Multiplikations- und Divisionsaufgaben erkennt X die Zusammenhänge zwischen den Operationen.	Beim Erstellen von Umkehraufgaben zu Multiplikations- und Divisionsaufgaben erkennt X überwiegend die Zusammenhänge zwischen den Operationen.	Beim Erstellen von Umkehraufgaben zu Multiplikations- und Divisionsaufgaben erkennt X die Zusammenhänge zwischen den Operationen nur schwer.
Bei Sachaufgaben erkennt X die Problemstellung und ist in der Lage, mit Größen richtig umzugehen.	Bei Sachaufgaben erkennt X die Problemstellung und ist überwiegend in der Lage, mit Größen richtig umzugehen.	Bei Sachaufgaben versucht X, die Problemstellung zu erkennen, und ist manchmal schon in der Lage, mit Größen richtig umzugehen.
Das Übertragen gelernter mathematischer Zusammenhänge auf neue Situationen gelingt X sehr gut.	Das Übertragen gelernter mathematischer Zusammenhänge auf neue Situationen gelingt X immer besser. Dazu benötigt X hin und wieder Lob und Motivation durch die Lehrkraft.	Das Übertragen gelernter mathematischer Zusammenhänge auf neue Situationen gelingt X jetzt manchmal. X benötigt allerdings immer wieder Lob und Motivation durch die Lehrkraft.

4.2.2 Geometrie

Note 1–2 Sehr gute bis gute Leistungen	Note 3–4 Befriedigende bis ausreichende Leistungen	Note 5–6 Mangelhafte bis ungenügende Leistungen
X erkennt Eigenschaften geometrischer Grundformen und Körper und benennt diese sicher.	X erkennt Eigenschaften geometrischer Grundformen und Körper immer besser und benennt diese schon öfter.	X erkennt Eigenschaften geometrischer Grundformen und Körper gelegentlich.
X findet Spiegelachsen und erzeugt symmetrische Figuren ohne Probleme.	X findet Spiegelachsen und erzeugt symmetrische Figuren immer besser.	X findet Spiegelachsen mit Hilfe und erzeugt dann manchmal symmetrische Figuren.
Sachaufgaben versteht X und kann diese auch lösen.	Sachaufgaben versteht X immer öfter und kann diese häufig lösen.	Sachaufgaben versteht X gelegentlich und kann diese manchmal auch lösen.
X hat ein sehr gutes Grundwissen und sehr gute Grundfertigkeiten im Bereich Geld erworben.	X hat ein Grundwissen und Grundfertigkeiten im Bereich Geld erworben.	X hat teilweise ein Grundwissen und Grundfertigkeiten im Bereich Geld erworben.
X hat ein sehr gutes Grundwissen und sehr gute Grundfertigkeiten im Bereich Längen erworben.	X hat ein Grundwissen und Grundfertigkeiten im Bereich Längen erworben.	X hat teilweise ein Grundwissen und Grundfertigkeiten im Bereich Längen erworben.
X hat ein sehr gutes Grundwissen und sehr gute Grundfertigkeiten im Bereich Zeit erworben.	X hat ein Grundwissen und Grundfertigkeiten im Bereich Zeit erworben.	X hat teilweise ein Grundwissen und Grundfertigkeiten im Bereich Zeit erworben.
X' Fähigkeiten im Zeichnen und Skizzieren sind sehr gut und entwickeln sich ständig weiter.	X' Fähigkeiten im Zeichnen und Skizzieren sind ausgeprägt und entwickeln sich ständig weiter.	X' Fähigkeiten im Zeichnen und Skizzieren sind noch wenig ausgeprägt, entwickeln sich aber weiter.
Beim Formen und Falten verschiedener Materialien zeigt X großen Ideenreichtum.	Beim Formen und Falten verschiedener Materialien zeigt X immer öfter Ideenreichtum.	Beim Formen und Falten verschiedener Materialien zeigt X bei Interesse gelegentlich Ideenreichtum.
Beim Auslegen von Flächen mit verschiedenen Materialien und Formen entwickelt X großen Ehrgeiz.	Beim Auslegen von Flächen mit verschiedenen Materialien und Formen entwickelt X oft Ehrgeiz.	Beim Auslegen von Flächen mit verschiedenen Materialien und Formen entwickelt X gelegentlich Ehrgeiz.
X kann Zahlen- und Rechenvorstellungen mithilfe geometrischer Kenntnisse gut entwickeln und kommentieren.	X kann Zahlen- und Rechenvorstellungen mithilfe geometrischer Kenntnisse entwickeln und kommentieren.	X kann Zahlen- und Rechenvorstellungen mithilfe geometrischer Kenntnisse und der Hilfe der Lehrkraft entwickeln und kommentieren.
X erkennt identische und symmetrische Bilder auf Anhieb und gestaltet sie farbenfroh.	X erkennt identische und symmetrische Bilder und gestaltet sie oft farbenfroh.	X versucht, identische und symmetrische Bilder zu erkennen, und gestaltet sie farbenfroh.
Flächen und Körper kann X aufgrund ihrer Bestimmungsmerkmale benennen und ihre Abmessungen vergleichen.	Flächen und Körper kann X aufgrund ihrer Bestimmungsmerkmale immer öfter benennen und ihre Abmessungen vergleichen.	Flächen und Körper kann X mithilfe ihrer Bestimmungsmerkmale manchmal benennen und ihre Abmessungen vergleichen.

Note 1–2 Sehr gute bis gute Leistungen	Note 3–4 Befriedigende bis ausreichende Leistungen	Note 5–6 Mangelhafte bis ungenügende Leistungen
Beim Zeichnen verschiedener Figuren arbeitet X exakt und achtet auf eine übersichtliche Anordnung.	Beim Zeichnen verschiedener Figuren arbeitet X meist ordentlich und achtet auf eine übersichtliche Anordnung.	Beim Zeichnen verschiedener Figuren arbeitet X immer sauberer und versucht, auf eine übersichtliche Anordnung zu achten.
X hat Spaß beim Zeichnen und Skizzieren verschiedener Flächen und arbeitet sauber und ordentlich im Geometrieheft.	X hat meistens Spaß beim Zeichnen und Skizzieren verschiedener Flächen und arbeitet recht sauber und ordentlich im Geometrieheft.	X hat gelegentlich Spaß beim Zeichnen und Skizzieren verschiedener Flächen und arbeitet immer sauberer im Geometrieheft.

4.3 Sachunterricht

Note 1–2 Sehr gute bis gute Leistungen	Note 3–4 Befriedigende bis ausreichende Leistungen	Note 5–6 Mangelhafte bis ungenügende Leistungen
X arbeitet stets an allen Themen interessiert und aktiv mit.	X arbeitet meist an einzelnen Themen interessiert und aktiv mit.	X arbeitet an für ihn interessant erscheinenden Themen aktiv mit.
X bringt bereicherndes Vorwissen ein.	X bringt immer häufiger Vorwissen ein.	X bringt gelegentlich Vorwissen ein.
Sachverhalte beobachtet und beschreibt X vorbildlich.	Sachverhalte beobachtet und beschreibt X meist gut.	Sachverhalte beobachtet und beschreibt X immer besser.
Gelernte Fachbegriffe kann X richtig verwenden und kennt deren Bedeutung.	Gelernte Fachbegriffe kann X verwenden und kennt überwiegend deren Bedeutung.	Gelernte Fachbegriffe kann X manchmal verwenden und kennt gelegentlich deren Bedeutung.
X kann themenbezogene Fragen stellen und Antworten suchen.	X kann manchmal themenbezogene Fragen stellen und Antworten suchen.	X versucht, themenbezogene Fragen zu stellen und Antworten zu suchen.
Einfache Versuche führt X gekonnt durch. Hierbei zeigt er sein vorhandenes Wissen.	Einfache Versuche führt X meist durch. Hierbei kann er sein vorhandenes Wissen zeigen.	Einfache Versuche führt X mit Hilfe durch. Hierbei zeigt er, dass er Wissen hat.

4.4 Englisch

Note 1–2 **Sehr gute bis gute Leistungen**	**Note 3–4** **Befriedigende bis ausreichende Leistungen**	**Note 5–6** **Mangelhafte bis ungenügende Leistungen**
X zeigt Interesse an der englischen Sprache und bringt sich aktiv ins Unterrichtsgeschehen ein.	X zeigt meistens Interesse an der englischen Sprache und bringt sich öfters aktiv ins Unterrichtsgeschehen ein.	X zeigt gelegentlich Interesse an der englischen Sprache und bringt sich manchmal schon aktiv ins Unterrichtsgeschehen ein.
X versteht wesentliche Inhalte von Gesprochenem mit vertrautem Wortschatz und setzt Anweisungen um.	X versteht meistens wesentliche Inhalte von Gesprochenem mit vertrautem Wortschatz und setzt Anweisungen befriedigend um.	X versteht mit Hilfe wesentliche Inhalte von Gesprochenem mit vertrautem Wortschatz.
X spricht geübte Wörter und Redewendungen betont und korrekt aus.	X spricht häufig geübte Wörter und Redewendungen korrekt aus.	X spricht geübte Wörter und Redewendungen mit viel Hilfe korrekt aus.
X verständigt sich in vertrauten Gesprächssituationen mit geübten sprachlichen Mitteln.	X verständigt sich immer öfter in vertrauten Gesprächssituationen mit geübten sprachlichen Mitteln.	X verständigt sich mit Hilfe in vertrauten Gesprächssituationen mit geübten sprachlichen Mitteln.
X kann einzelne Teilaspekte von Gehörtem sehr gut auf Deutsch wiedergeben.	X kann einzelne Teilaspekte von Gehörtem meistens auf Deutsch wiedergeben.	X kann einzelne Teilaspekte von Gehörtem manchmal auf Deutsch wiedergeben.
X erkennt einzelne Wörter im Schriftbild wieder und ordnet ihnen gekonnt die richtige Bedeutung zu.	X erkennt meistens einzelne Wörter im Schriftbild wieder und ordnet ihnen die richtige Bedeutung zu.	X erkennt einzelne Wörter im Schriftbild wieder und ordnet ihnen gelegentlich die richtige Bedeutung zu.
In Englisch erfasst X zusammenhängende Äußerungen der Lehrkraft und der Mitschüler. Er versteht den Inhalt kurzer Texte und erschließt diesen, auch wenn ein geringer Anteil an unbekanntem Wortschatz enthalten ist. Beim Abschreiben englischer Wendungen unterlaufen ihm keine Fehler.	In Englisch erfasst X meistens zusammenhängende Äußerungen der Lehrkraft und der Mitschüler. Er versteht den Inhalt kurzer Texte und erschließt diesen immer öfter, auch wenn ein geringer Anteil an unbekanntem Wortschatz enthalten ist. Beim Abschreiben englischer Wendungen unterlaufen ihm kaum Fehler.	In Englisch erfasst X mit viel Hilfe zusammenhängende Äußerungen der Lehrkraft und der Mitschüler. Er versteht den Inhalt kurzer Texte und erschließt diesen gelegentlich, auch wenn ein geringer Anteil an unbekanntem Wortschatz enthalten ist. Beim Abschreiben englischer Wendungen unterlaufen ihm immer weniger Fehler.
An Gesprächen im Englischunterricht nimmt X gern teil. Er verfügt über eine sehr gut verständliche Aussprache und gebraucht häufig wiederkehrende Wendungen aus seiner Erfahrungswelt sicher.	An Gesprächen im Englischunterricht nimmt X meist gern teil. Er verfügt über eine verständliche Aussprache und gebraucht häufig wiederkehrende Wendungen aus seiner Erfahrungswelt.	An Gesprächen im Englischunterricht nimmt X mittlerweile manchmal gern teil. Er verfügt über eine gelegentlich verständliche Aussprache und gebraucht wiederkehrende Wendungen aus seiner Erfahrungswelt.

Note 1–2 **Sehr gute bis gute Leistungen**	**Note 3–4** **Befriedigende bis ausreichende Leistungen**	**Note 5–6** **Mangelhafte bis ungenügende Leistungen**
In Englisch kann X den Sinn gehörter und gelesener Texte sehr gut erschließen. Dabei nutzt er Bildwörterbücher für selbstständiges Lernen. Er ist in der Lage, sich zu bekannten Sachverhalten in ein_ fachen Sätzen schriftlich zu äußern.	In Englisch kann X den Sinn gehörter und gelesener Texte immer häufiger erschließen. Dabei nutzt er Bildwörterbücher für selbstständiges Lernen. Er ist in der Lage, sich zu bekannten Sachverhalten in einfachen Sätzen mit Hilfe schriftlich zu äußern.	In Englisch kann X den Sinn gehörter und gelesener Texte gelegentlich mit Hilfe erschließen. Dabei kann er Bildwörterbücher für selbstständiges Lernen nutzen. Er ist in der Lage, sich zu bekannten Sachverhalten in sehr einfachen Sätzen zu äußern.
In Englisch kann X einfache Fragen zum Alltagsgeschehen stellen und beantworten. Beim Führen von Dialogen benötigt er keine Hilfe, um auf Aussagen von Gesprächspartnern reagieren zu können. Schriftliche Arbeiten im Englischunterricht erledigt X sehr exakt.	In Englisch kann X einfache Fragen zum Alltagsgeschehen stellen und beantworten. Beim Führen von Dialogen benötigt er mitunter Hilfe, um auf Aussagen von Gesprächspartnern reagieren zu können. Schriftliche Arbeiten im Englischunterricht erledigt X immer öfter genau.	In Englisch kann X gelegentlich einfache Fragen zum Alltagsgeschehen stellen und beantworten. Beim Führen von Dialogen benötigt er viel Hilfe, um auf Aussagen von Gesprächspartnern reagieren zu können. Schriftliche Arbeiten im Englischunterricht erledigt X immer besser.
In Englisch liegen X' Stärken vor allem im mündlichen Bereich. Er kann in Alltagssituationen spontan reagieren und Rollenspiele geschickt mitgestalten.	In Englisch liegen X' Stärken vor allem im mündlichen Bereich. Er kann in Alltagssituationen meistens spontan reagieren und Rollenspiele geschickt mitgestalten. Ganzheitliche Wortbilder muss X noch besser erfassen, um sie in anderen Zusammenhängen wiederzuerkennen.	In Englisch liegen X' Stärken meistens im mündlichen Bereich. Er kann in Alltagssituationen immer besser spontan reagieren und Rollenspiele mitgestalten. Weil er jedoch Wortbilder noch nicht ganzheitlich erfasst und kaum in anderen Zusammenhängen wiedererkennt, hat er große Mühe, schriftliche Erläuterungen zu verstehen und entsprechend umzusetzen.
X versteht englischsprachige Arbeitsanweisungen und Erläuterungen sehr sicher. Um alle Aufgaben bewältigen zu können, orientiert er sich auch an Bildwörterbüchern.	X versteht englischsprachige Arbeitsanweisungen und Erläuterungen. Um alle Aufgaben bewältigen zu können, orientiert er sich öfter auch am Handeln der Mitschüler oder nutzt Bildwörterbücher.	X bemüht sich, englischsprachige Arbeitsanweisungen und Erläuterungen zu verstehen. Um alle Aufgaben bewältigen zu können, muss er sich meist am Handeln der Mitschüler orientieren oder nutzt Bildwörterbücher.

4.5 Kunst

Note 1–2 Sehr gute bis gute Leistungen	Note 3–4 Befriedigende bis ausreichende Leistungen	Note 5–6 Mangelhafte bis ungenügende Leistungen
X zeigt großes Interesse, Offenheit und Experimentierfreude im Kunstunterricht.	X zeigt meistens Interesse, Offenheit und Experimentierfreude im Kunstunterricht.	X zeigt nur gelegentlich Interesse, Offenheit und Experimentierfreude im Kunstunterricht.
X hält sich sehr genau an Themenstellungen, Techniken und Gestaltungsvorlagen, um wunderschöne Bilder zu gestalten.	X hält sich meist an Themenstellungen, Techniken und Gestaltungsvorlagen, um Bilder zu gestalten.	X hält sich immer mehr an Themenstellungen, Techniken und Gestaltungsvorlagen, um Bilder laut Aufgabe zu gestalten.
Kunstwerke mit Ausdruckskraft und Kreativität sind immer Ergebnis von X' gestalterischem Können.	Kunstwerke mit Ausdruckskraft und Kreativität sind meistens Ergebnis von X' gestalterischer Arbeit.	Kunstwerke mit Ausdruckskraft und Kreativität versucht X zu gestalten.
X geht planvoll mit Zeit um und führt Aufgaben sorgfältig zu Ende.	X geht meistens planvoll mit Zeit um und führt Aufgaben immer öfter sorgfältig zu Ende.	X geht gelegentlich schon planvoll mit Zeit um und führt Aufgaben zu Ende.
Im bildnerischen Bereich greift X Anregungen gern auf und geht geschickt mit verschiedenen Materialien um.	Im bildnerischen Bereich greift X meistens Anregungen gern auf und geht auch schon geschickt mit verschiedenen Materialien um.	Im bildnerischen Bereich greift X immer mehr die Anregungen gern auf und geht mit verschiedenen Materialien öfter schon ordnungsgemäß um.
Beim bildnerischen Gestalten hat X ein gutes Gespür für Farben und Techniken entwickelt.	Beim bildnerischen Gestalten hat X meist ein Gespür für Farben und Techniken.	Beim bildnerischen Gestalten versucht X, ein Gespür für Farben und Techniken zu entwickeln.
X erkennt die Eigenarten der verschiedenen Materialien und setzt sie bewusst ein.	X erkennt meistens die Eigenarten der verschiedenen Materialien und setzt sie immer öfter bewusst ein.	X erkennt die Eigenarten der verschiedenen Materialien mit Hilfe und setzt sie ein.
Beim Formen, Bauen und Konstruieren setzt X die erworbenen Kenntnisse sachgemäß ein.	Beim Formen, Bauen und Konstruieren setzt X die erworbenen Kenntnisse immer besser sachgemäß ein.	Beim Formen, Bauen und Konstruieren setzt X die erworbenen Kenntnisse immer besser mit Hilfe sachgemäß ein.
Arbeitet X in einer Gruppe, tauscht er sich lebhaft zu Anregungen aus und nimmt Entscheidungen seiner Mitschüler an. Er ist ein beliebtes Gruppenmitglied.	Arbeitet X in einer Gruppe, tauscht er manchmal zu lebhaft Anregungen aus und nimmt Entscheidungen seiner Mitschüler immer besser an.	Arbeitet X in einer Gruppe, tauscht er sich lebhaft zu Anregungen aus und nimmt Entscheidungen seiner Mitschüler nur gelegentlich an.
Das Basteln mit Naturmaterialien bereitet X keine Probleme, da er klare und ausdrucksstarke Gestaltungsideen besitzt.	Das Basteln mit Naturmaterialien bereitet X fast keine Probleme, da er meist klare und ausdrucksstarke Gestaltungsideen besitzt.	Das Basteln mit Naturmaterialien bereitet X mit Hilfe keine Probleme, da er gelegentlich klare und ausdrucksstarke Gestaltungsideen besitzt.
Vorgeführte Techniken übernimmt X sicher und schnell und wendet sie zweckmäßig an.	Vorgeführte Techniken übernimmt X meistens schnell und wendet sie oft zweckmäßig an.	Vorgeführte Techniken übernimmt X immer mehr und wendet sie gelegentlich zweckmäßig an.

Note 1–2 Sehr gute bis gute Leistungen	Note 3–4 Befriedigende bis ausreichende Leistungen	Note 5–6 Mangelhafte bis ungenügende Leistungen
Beim Malen und Gestalten zeigt X viel Liebe zum Detail.	Beim Malen und Gestalten zeigt X meistens Liebe zum Detail.	Beim Malen und Gestalten zeigt X immer mehr Liebe zum Detail.
X löst viele Aufgaben strukturiert und mit viel Ausdauer.	X löst meistens viele Aufgaben strukturiert und mit Ausdauer.	X löst einige Aufgaben strukturiert und manchmal mit Ausdauer.
Beim Modellieren und Formen mit Knete gelingen X aufgrund der sehr gut entwickelten Feinmotorik fein gestaltete Arbeitsergebnisse.	Beim Modellieren und Formen mit Knete gelingen X aufgrund der entwickelten Feinmotorik immer häufiger fein gestaltete Arbeitsergebnisse.	Beim Modellieren und Formen mit Knete gelingen X aufgrund der noch zu entwickelnden Feinmotorik grob gestaltete Arbeitsergebnisse.

4.6 Musik

Note 1–2 Sehr gute bis gute Leistungen	Note 3–4 Befriedigende bis ausreichende Leistungen	Note 5–6 Mangelhafte bis ungenügende Leistungen
X zeigt Motivation und Interesse am Musikunterricht.	X zeigt meistens Motivation und Interesse am Musikunterricht.	X zeigt immer mehr Motivation und Interesse am Musikunterricht.
X kann Lieder auf Instrumenten sehr gelungen begleiten.	X kann Lieder meistens auf Instrumenten begleiten.	X bemüht sich, Lieder auf Instrumenten zu begleiten.
X setzt sich kreativ mit Musik auseinander.	X setzt sich meistens kreativ mit Musik auseinander.	X versucht, sich kreativ mit Musik auseinanderzusetzen.
X singt gelernte Lieder artikuliert und sicher mit.	X singt gelernte Lieder meistens artikuliert und sicher mit.	X versucht, gelernte Lieder artikuliert und sicher mitzusingen.
X erkennt verschiedene Instrumente am Klang.	X erkennt meistens verschiedene Instrumente am Klang.	X bemüht sich, verschiedene Instrumente am Klang zu erkennen.
X erlernt neue Lieder schnell und löst selbstständig musikalische Gestaltungsaufgaben mit Instrumenten.	X erlernt neue Lieder meistens schnell und löst selbstständig musikalische Gestaltungsaufgaben mit Instrumenten.	X erlernt neue Lieder mit Hilfe und löst dann selbstständig musikalische Gestaltungsaufgaben mit Instrumenten.
Mit besonderer Freude nimmt X am Musikunterricht teil. Er trägt Lieder sicher vor und erarbeitet selbstständig unterschiedliche musikalische Ausdrucksmöglichkeiten. Zum Festhalten seiner Ideen fertigt er Klangbilder an.	Meistens nimmt X mit Freude am Musikunterricht teil. Er trägt Lieder oft sicher vor und erarbeitet selbstständig unterschiedliche musikalische Ausdrucksmöglichkeiten. Zum Festhalten seiner Ideen fertigt er mit Hilfsmitteln Klangbilder an.	Gelegentlich nimmt X mit Freude am Musikunterricht teil. Er trägt Lieder vor und erarbeitet unterschiedliche musikalische Ausdrucksmöglichkeiten. Zum Festhalten seiner Ideen fertigt er eigenwillige Klangbilder an.

Note 1–2 Sehr gute bis gute Leistungen	Note 3–4 Befriedigende bis ausreichende Leistungen	Note 5–6 Mangelhafte bis ungenügende Leistungen
Große Begeisterung zeigt X, wenn es darum geht, Bildern und Geschichten einen musikalischen Ausdruck zu geben. Zur Umsetzung seiner Ideen wählt er Instrumente und Gegenstände geschickt aus.	Begeisterung zeigt X immer häufiger, wenn es darum geht, Bildern und Geschichten einen musikalischen Ausdruck zu geben. Zur Umsetzung seiner Ideen wählt er Instrumente und Gegenstände aus.	Begeisterung zeigt X gelegentlich, wenn es darum geht, Bildern und Geschichten einen musikalischen Ausdruck zu geben. Zur Umsetzung seiner Ideen wählt er Instrumente und Gegenstände aus.
Beim Erarbeiten von Klanggeschichten beweist X Fantasie und Ideenreichtum.	Beim Erarbeiten von Klanggeschichten kann X meistens Fantasie und Ideenreichtum einbringen.	Beim Erarbeiten von Klanggeschichten versucht X, Fantasie und Ideenreichtum einzubringen.
Im Musikunterricht übernimmt X sehr gern die Liedbegleitung mithilfe notierter Rhythmusbausteine. Bei der Vorbereitung von Präsentationen kann er Lieder und Musikstücke zweckentsprechend auswählen.	Im Musikunterricht übernimmt X immer öfter gern die Liedbegleitung mithilfe notierter Rhythmusbausteine. Bei der Vorbereitung von Präsentationen kann er immer mehr Lieder und Musikstücke zweckentsprechend auswählen.	Im Musikunterricht übernimmt X nach Ansprache die Liedbegleitung mithilfe notierter Rhythmusbausteine. Bei der Vorbereitung von Präsentationen kann er Lieder und Musikstücke immer besser zweckentsprechend auswählen.
X singt mit Freude und kann die erlernten Lieder nach einiger Übung sicher in Text und Melodie wiedergeben. Das Nachgestalten vorgegebener Rhythmen mit ausgewählten Instrumenten bereitet ihm keine Schwierigkeiten.	X singt meistens mit Freude und kann die erlernten Lieder nach einiger Übung sicher in Text und Melodie wiedergeben. Das Nachgestalten vorgegebener Rhythmen mit ausgewählten Instrumenten bereitet ihm teilweise noch Schwierigkeiten.	X singt gelegentlich schon mit Freude und kann die erlernten Lieder nach einiger Übung in Text und Melodie wiedergeben. Das Nachgestalten vorgegebener Rhythmen mit ausgewählten Instrumenten bereitet ihm teilweise noch große Schwierigkeiten.

4.7 Religion

Note 1–2 Sehr gute bis gute Leistungen	Note 3–4 Befriedigende bis ausreichende Leistungen	Note 5–6 Mangelhafte bis ungenügende Leistungen
X beteiligt sich aktiv an Gesprächen, Liedern und Ritualen.	X beteiligt sich immer aktiver an Gesprächen, Liedern und Ritualen.	X beteiligt sich manchmal schon an Gesprächen, Liedern und Ritualen.
X kann verschiedene Ausdrucksformen zum jeweiligen Unterrichtsthema sinnvoll nutzen.	X kann meistens verschiedene Ausdrucksformen zum jeweiligen Unterrichtsthema sinnvoll nutzen.	X kann mit Hilfe verschiedene Ausdrucksformen zum jeweiligen Unterrichtsthema sinnvoll nutzen.
X kennt Feste und Bräuche im Jahreskreis der Kirche und kann diese beschreiben.	X kennt fast alle Feste und Bräuche im Jahreskreis der Kirche und kann diese meistens beschreiben.	X kennt teilweise die Feste und Bräuche im Jahreskreis der Kirche und kann diese manchmal schon beschreiben.

Note 1–2 Sehr gute bis gute Leistungen	Note 3–4 Befriedigende bis ausreichende Leistungen	Note 5–6 Mangelhafte bis ungenügende Leistungen
X leitet ein wertschätzendes Miteinander von Menschen aus biblischen Texten ab.	X leitet meistens ein wertschätzendes Miteinander von Menschen aus biblischen Texten ab.	X leitet mit Hilfe ein wertschätzendes Miteinander von Menschen aus biblischen Texten ab.
X erfasst biblische Aussagen in ihrer Bedeutung und überträgt diese auf das eigene Leben.	X erfasst immer besser biblische Aussagen in ihrer Bedeutung und überträgt diese immer häufiger auf das eigene Leben.	X erfasst mit Hilfe biblische Aussagen in ihrer Bedeutung und überträgt diese immer besser auf das eigene Leben.
X erkennt die bildhafte Sprache und deutet sie sicher.	X erkennt meist die bildhafte Sprache und deutet sie.	X erkennt immer besser die bildhafte Sprache und deutet sie mit Hilfe.

4.8 Sport

Note 1–2 Sehr gute bis gute Leistungen	Note 3–4 Befriedigende bis ausreichende Leistungen	Note 5–6 Mangelhafte bis ungenügende Leistungen
X lässt sich offen und motiviert auf den Sportunterricht ein und zeigt Anstrengungsbereitschaft.	X lässt sich meist offen und motiviert auf den Sportunterricht ein und zeigt immer mehr Anstrengungsbereitschaft.	X lässt sich jetzt schon offen und motiviert auf den Sportunterricht ein und zeigt dabei gelegentlich Anstrengungsbereitschaft.
X hält sich stets an die vereinbarten Sportregeln.	X hält sich meistens an die vereinbarten Sportregeln.	X hält sich immer besser an die vereinbarten Sportregeln.
X erfasst einfache Spielideen sofort und setzt diese gekonnt um.	X erfasst meistens einfache Spielideen und setzt diese um.	X erfasst einfache Spielideen mit Hilfe und setzt diese dann meistens um.
X verhält sich in Spiel- und Bewegungssituationen stets fair und verantwortungsbewusst.	X verhält sich in Spiel- und Bewegungssituationen meistens fair und verantwortungsbewusst.	X bemüht sich, in Spiel- und Bewegungssituationen fair und verantwortungsbewusst zu sein.
X zeigt in der Bewegungsfähigkeit stets Geschick und Koordination.	X zeigt in der Bewegungsfähigkeit meistens Geschick und Koordination.	X zeigt in der Bewegungsfähigkeit gelegentlich Geschick und Koordination.
X bewegt sich angstfrei und mit Spaß im Wasser.	X bewegt sich meistens angstfrei und mit Spaß im Wasser.	X bewegt sich gelegentlich angstfrei im Wasser.
X führt vorgegebene Bewegungsformen im schultertiefen Wasser sehr gut aus.	X führt vorgegebene Bewegungsformen im schultertiefen Wasser meist einwandfrei aus.	X führt vorgegebene Bewegungsformen im schultertiefen Wasser mit Hilfe aus.

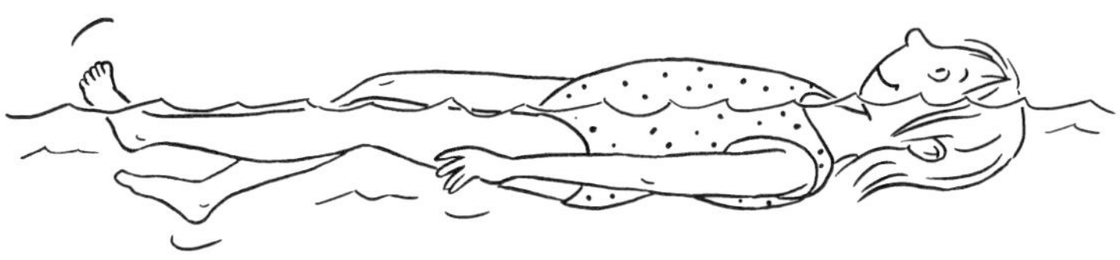

4.9 Beispielzeugnisse

Beispiele für ein sehr gutes bis gutes Zeugnis

a) X' ausgeglichenes und kameradschaftliches Verhalten sowie seine vorbildliche Lerneinstellung finden weiterhin große Anerkennung bei den Mitschülern und Lehrkräften. Er beginnt stets selbstständig und zügig mit der Anfertigung der Aufgaben und kann konzentriert und ausdauernd arbeiten. Schriftliches erledigt er in hoher Qualität und achtet auf eine ansprechende Gestaltung.

In allen Fächern wendet X sein sicheres Grundwissen an. Er bereitet sich fleißig und gründlich auf jeden Schultag vor und beschafft sich häufig selbst Informationen und Materialien, mit denen er Unterrichtsstunden bereichern kann. Die Anforderungen des Deutschunterrichts bewältigt X mühelos. Sein Leseinteresse und das Suchen nach zusätzlichen Aufgaben wirken sich positiv auf die Stabilisierung seiner Leistungen aus. Alle sprachlichen Äußerungen gelingen ihm zusammenhängend und wortgewandt.

Wissbegierde zeigt X im Sachunterricht. Für den Erwerb neuer Kenntnisse nutzt er zielgerichtet viele verschiedene Medien. X kann mathematische Sachverhalte sicher erkennen, in Beziehung setzen und kommentieren. Er beherrscht alle erlernten Rechenverfahren und beweist Logik und Kombinationsfähigkeit.

Beim Arbeiten in Gruppen übernimmt X eine führende Rolle, achtet auf schwächere Schüler und prüft Vorschläge kritisch. Lobenswert ist sein verantwortungsbewusstes Bemühen um ein gutes Lernklima. Mit seiner besonderen Einsatzbereitschaft und seinem sicheren Auftreten hat X wesentlichen Anteil an den gelungenen Darbietungen des Schulchores.

b) Lebhaft und wissbegierig gestaltet X den Unterricht im zweiten Schuljahr mit. Von Erlebnissen erzählt er ungezwungen und stellt mühelos Kontakte zu seinen Lehrkräften und Mitschülern her. Auf jeden Schultag bereitet X sich gründlich vor. Er wiederholt Merkstoff regelmäßig und erledigt oft freiwillig Zusatz- oder Knobelaufgaben. Weil er Neues schnell aufnimmt und sofort in Beziehung zu seinem anwendungsbereiten Grundwissen setzt, erfüllt er alle Lernaufträge selbstständig und mit einem überdurchschnittlich hohen Arbeitstempo.

X kann Sachverhalte sehr gut beschreiben und Beobachtungen wiedergeben. Er beachtet Gesprächsregeln und ist immer daran interessiert, Unverstandenes zu klären. Gern nutzt er offene Leseangebote und stellt Texte vor, mit denen er sich auseinandergesetzt hat.

Besonderen Eifer zeigt X beim Schreiben von Geschichten. Er nutzt Planungshilfen und kann Texte bereits allein überarbeiten. Immer erfolgreicher versucht er dabei, die Schreibweise von Wörtern selbst herzuleiten. Den Übungswortschatz hat er sich fest eingeprägt. Auch in Mathematik ist X in der Lage, über einen längeren Zeitraum konzentriert und ausdauernd zu arbeiten. Er beherrscht alle erlernten Rechenverfahren und beweist immer wieder logisches Denkvermögen und Kombinationsfähigkeit. Für Sachaufgaben findet er verschiedene Lösungswege und kann diese kommentieren.

Beim Arbeiten in der Gruppe übernimmt X gern Verantwortung, achtet umsichtig auf schwächere Schüler und leitet diese zielgerichtet.

Beispiele für ein befriedigendes bis ausreichendes Zeugnis

a) Im zweiten Schuljahr lernt X ausgeglichener und aufmerksamer. Er hat sich um die Verbesserung seiner Arbeitshaltung bemüht und ist nun häufiger in der Lage, Regeln und Normen im Schulalltag anzunehmen und einzuhalten. Obwohl X Kontakt zu seinen Mitschülern sucht, ist es ihm noch nicht immer gelungen, zu ihnen ein störungsfreies Verhältnis aufzubauen. Er ist bei Streitigkeiten nun aber schon eher bereit, seine Fehler einzusehen und angemessen zu reagieren.

Das Lernen bereitet X meistens Freude. Weil er zu Hause den gelernten Stoff regelmäßig wiederholt, kann er immer häufiger auch angemessene Leistungen erreichen. Sein Fleiß zahlt sich in Deutsch vor allem in den Lernbereichen Rechtschreiben und Lesen aus. Schwierigkeiten hat X manchmal noch dabei, mehrere Teilaufgaben nacheinander zügig und ausdauernd zu bearbeiten. Hier bemüht er sich immer wieder um Motivation und Hilfe.

X erzählt gern von eigenen Erlebnissen und Erfahrungen. Bei Darstellungen bemüht er sich stets darum, das Wesentliche im Blick zu behalten. Er kann Informationen und Beobachtungen zweckentsprechend mündlich wiedergeben, beim Schreiben und Überarbeiten von Texten helfen ihm die bereitgestellten Arbeitsmittel.

Obwohl X sich stets gründlich auf den Sachunterricht vorbereitet, fällt es ihm noch schwer, Kenntnisse entsprechend einer Fragestellung zu formulieren und anzuwenden. In Mathematik hat X die Logik des Zahlenaufbaus verstanden und löst einfache Aufgaben meist fehlerfrei. Er beherrscht die vermittelten Rechenverfahren. Manchmal hat er Mühe, Aufgabenmuster zu übertragen und eigene Lösungswege zu finden. Auch in diesem Fach zeigt X bei umfangreichen und zeitlich begrenzten Übungen noch zu wenig Anstrengungsbereitschaft und Durchhaltevermögen.

b) X tritt weiter kontaktfreudig und freundlich auf. Gern lässt er andere an seinen Erlebnissen teilhaben. Die Mitschüler hören ihm stets zu, weil er interessant und zusammenhängend erzählen kann. In vielen Unterrichtsstunden arbeitet X meistens aufmerksam und aktiv mit. Er hat seine Anstrengungsbereitschaft erhöht, gibt bei Problemen nicht mehr so schnell auf und löst Aufgaben immer selbstständiger.

X bemüht sich weiterhin, schriftliche Übungen gewissenhaft zu erledigen. Die Selbstkontrolle versucht X, immer besser vollständig auszuführen. Hierbei ist das Korrigieren der Arbeiten mit Hilfe möglich. Die Vorbereitung auf den Schultag ist gelegentlich schon sorgfältig. X' Lernergebnisse in den Teilbereichen des Deutschunterrichts sind sehr unterschiedlich. Während ihm das Sprechen, das Zuhören sowie das Verfassen von Texten gut gelingen, können seine Rechtschreibleistungen noch besser werden. Teilweise hat er sich schon einzelne Übungswörter eingeprägt und orientiert sich manchmal schon an Modellwörtern. Seine bereits recht sicheren Kenntnisse über Wort- und Satzarten wendet er immer bewusster an. Abschreibübungen führt er meistens ordentlich aus. X ist ein interessierter Leser. Fragen zum Inhalt von Texten beantwortet er meistens richtig. Zur Bereicherung des Sachunterrichts informiert er sich häufig in Nachschlagewerken.

X folgt dem Mathematikunterricht mit viel Wissbegierde. Im behandelten Zahlenraum beherrscht er die erforderlichen Rechenschritte, hat aber beim Lösen von Aufgaben in einer bestimmten Zeit gelegentlich Schwierigkeiten, da die Grundaufgaben nicht sofort aus dem Gedächtnis abrufbar sind. Schriftliches erledigt X auch in Mathematik immer sauberer und es entstehen weniger Fehler.

X arbeitet in allen Fächern gern mit seinen Mitschülern zusammen, bringt viele eigene Lösungsvorschläge ein und ist in der Lage, Verantwortung in der Gruppe zu übernehmen.

Beispiele für ein mangelhaftes bis ungenügendes Zeugnis

a) X tritt zum Ende des zweiten Schuljahres im Unterricht etwas aktiver in Erscheinung. Er versucht, den Kontakt zu seinen Mitschülern auszubauen, ist dadurch selbstbewusster geworden und hat weniger Hemmungen beim Sprechen vor der Klasse.

Er bildet immer mehr vollständige Sätze und spricht besser. Beim Verfassen von Texten versucht X, sich an vorgegebene Schrittfolgen zu halten, benötigt jedoch weiterhin Anleitung beim Ordnen seiner Gedanken. Seine Kenntnisse über den Bau der Sprache konnte er etwas festigen. Es fällt ihm nicht mehr ganz so schwer, aus schriftlich formulierten Aufträgen Teilaufgaben für sein Handeln abzuleiten und seine Arbeit zu planen.

In Mathematik ist es für X sehr schwierig, seine Leistungen zu stabilisieren. Weil er die Malfolgen nicht kontinuierlich wiederholt, kann er mit steigendem Stoffumfang und der Erhöhung des Schwierigkeitsgrades die Lernaufträge in diesem Fach kaum noch allein erfüllen. Fortschritte hat X in seinem Bemühen um eine normangemessene Schrift und eine übersichtliche Heftführung erreicht. Er formt die Buchstaben jetzt schon manchmal korrekt, schreibt gleichmäßiger und ordnet Aufgaben übersichtlicher an.

Mit seinen Arbeitsmaterialien geht X gelegentlich und unter Anleitung achtsam um. Seine tägliche Vorbereitung auf den Unterricht baut er weiter aus.

b) X ist gelegentlich ein freundlicher und höflicher Mitschüler. Er sucht im zweiten Schuljahr schon eher den Kontakt zu seinen Mitschülern und Lehrkräften und erzählt ihnen nun häufiger von kleinen Erlebnissen.

Im Unterricht tritt X seltener aktiv in Erscheinung. Er ist zwar meistens aufmerksam, hat aber große Mühe, den Erklärungen zu folgen und Neues gedanklich mit bereits Gelerntem zu verbinden. Zusammenhänge kann er manchmal mit zusätzlichen Hilfen oder Veranschaulichung erkennen. Eigene Erfahrungen bringt er nach umfassender Auseinandersetzung mit einem Thema ein. Er formuliert seine Beiträge dann jedoch immer öfter folgerichtig und verwendet immer häufiger treffende Begriffe. Für das Erfassen schriftlich formulierter Aufgabenstellungen braucht X viel Zeit. Es fällt ihm noch sehr schwer, wesentliche Informationen zu erkennen und sein Handeln zu planen.

X hat in diesem Schuljahr besonderen Fleiß aufgewendet, um Merkstoff zu festigen und sich auf Lernzielkontrollen vorzubereiten. Beim Abrufen formaler Kenntnisse erreicht er daher schon häufiger Ergebnisse. Mit steigendem Aufgabenumfang und der Erhöhung des Schwierigkeitsgrades kann er Aufträge mit Hilfe manchmal schon selbstständig bewältigen.

X beherrscht die gelernten Rechenoperationen im Zahlenraum bis 100 mithilfe des Anschauungsmaterials. Bei deren Verknüpfung helfen ihm noch Denkanstöße. Auch Rechenvorteile erkennt er immer besser. Beim Lösen von Sachaufgaben lässt er sich gern von einem Partner beraten und nimmt Hinweise dankbar an. Aufgaben, die X im Rahmen der Arbeit an Projekten übertragen werden, erfüllt er entsprechend seinem Kenntnisstand zuverlässig.

5 Formulierungen für die Klasse 3

Die folgenden Formulierungen können für die Klasse 3 der Grundschule Verwendung finden. Sie sind in drei Abstufungen formuliert.

5.1 Deutsch

5.1.1 Sprachgebrauch

Note 1–2 Sehr gute bis gute Leistungen	Note 3–4 Befriedigende bis ausreichende Leistungen	Note 5–6 Mangelhafte bis ungenügende Leistungen
X bringt Gesprächsbeiträge, eigene Ideen und Meinungen stets in den Unterricht ein.	X bringt immer öfter Gesprächsbeiträge, eigene Ideen und Meinungen in den Unterricht ein.	X bringt gelegentlich Gesprächsbeiträge, eigene Ideen und Meinungen in den Unterricht ein.
X verfügt über einen altersgemäßen Wortschatz.	X verfügt überwiegend über einen altersgemäßen Wortschatz.	X verfügt teilweise über einen altersgemäßen Wortschatz.
X wendet grammatikalische Regeln sicher an.	X wendet grammatikalische Regeln immer sicherer an.	X wendet grammatikalische Regeln mit Hilfe richtig an.
X verwendet gelernte Fachbegriffe stets sachgerecht.	X verwendet gelernte Fachbegriffe meistens sachgerecht.	X verwendet gelernte Fachbegriffe mit Hilfe sachgerecht.
X schreibt eigene Texte verständlich auf.	X schreibt eigene Texte meistens verständlich auf.	X schreibt eigene Texte immer verständlicher auf.
X kann Texte nach vorgegebenen Kriterien verfassen.	X kann Texte überwiegend nach vorgegebenen Kriterien verfassen.	X kann Texte mit Hilfe nach vorgegebenen Kriterien verfassen.
X überarbeitet Texte selbstständig und achtet dabei auf Hinweise und Hilfen.	X überarbeitet Texte jetzt schon immer selbstständiger und achtet dabei auf Hinweise und Hilfen.	X versucht, Texte selbstständig zu überarbeiten, und dabei auf Hinweise und Hilfen zu achten.
X ist in der Lage, mithilfe eines Modellwortschatzes die richtige Schreibung von Wörtern abzuleiten und zu erklären. Er setzt Überarbeitungshilfen für Texte zielgerichtet ein und hat Freude an der Veröffentlichung von Schreibprodukten.	X ist meistens in der Lage, mithilfe eines Modellwortschatzes die richtige Schreibung von Wörtern abzuleiten und zu erklären. Er setzt Überarbeitungshilfen für Texte oft zielgerichtet ein und hat Freude an der Veröffentlichung von Schreibprodukten.	X ist in der Lage, mithilfe eines Modellwortschatzes und der Lehrkraft die richtige Schreibung von Wörtern abzuleiten und zu erklären. Er setzt Überarbeitungshilfen für Texte immer zielgerichteter ein und hat jetzt auch schon Freude an der Veröffentlichung von Schreibprodukten.
X durchdenkt Beiträge gründlich und formuliert seine Gedanken treffend und folgerichtig. Er ist selbstständig in der Lage, sich Informationen zu beschaffen, sie zu ordnen und sachbezogen aufzubereiten.	X durchdenkt Beiträge und formuliert seine Gedanken meistens treffend und folgerichtig. Er ist immer öfter selbstständig in der Lage, sich Informationen zu beschaffen, sie zu ordnen und sachbezogen aufzubereiten.	X durchdenkt Beiträge und formuliert seine Gedanken immer besser treffend und folgerichtig. Er ist mit Hilfe in der Lage, sich Informationen zu beschaffen, sie zu ordnen und sachbezogen aufzubereiten.

Note 1–2 Sehr gute bis gute Leistungen	Note 3–4 Befriedigende bis ausreichende Leistungen	Note 5–6 Mangelhafte bis ungenügende Leistungen
X kann Gespräche moderieren und konstruktive Rückmeldungen geben. Seine Mitschüler wählen ihn gern als Lernpartner, wenn es um das Austauschen und Bewerten von Arbeitsergebnissen geht. Er gestaltet Schreibprozesse immer bewusst nach vorgegebenen Kriterien.	X kann überwiegend Gespräche moderieren und meist konstruktive Rückmeldungen geben. Seine Mitschüler wählen ihn gern als Lernpartner, wenn es um das Austauschen und Bewerten von Arbeitsergebnissen geht. Er gestaltet Schreibprozesse immer bewusster nach vorgegebenen Kriterien.	X versucht immer besser, Gespräche zu moderieren und konstruktive Rückmeldungen zu geben. Seine Mitschüler wählen ihn manchmal schon als Lernpartner, wenn es um das Austauschen und Bewerten von Arbeitsergebnissen geht. Er gestaltet Schreibprozesse immer bewusster nach Kriterien.
X gibt Informationen situationsgerecht wieder, verwendet entsprechende Redemittel und nutzt auch seine Stimme als Ausdrucksmöglichkeit. Er geht auf die Gesprächsbeiträge anderer ein und findet mühelos Argumente zur Begründung einer eigenen Meinung.	X gibt Informationen meist situationsgerecht wieder, verwendet entsprechende Redemittel und nutzt auch immer öfter seine Stimme als Ausdrucksmöglichkeit. Er geht auf die Gesprächsbeiträge anderer ein und findet Argumente zur Begründung einer eigenen Meinung.	X gibt Informationen wieder, verwendet mit Hilfe entsprechende Redemittel und nutzt auch seine Stimme manchmal als Ausdrucksmöglichkeit. Er geht auf die Gesprächsbeiträge anderer schon besser ein und findet meist Argumente zur Begründung einer Meinung.
X erfasst den Inhalt und die Wirkung von Texten, kann darüber mit anderen diskutieren und seine Aussagen belegen. Beim Schreiben wendet er Überarbeitungshilfen an und korrigiert eigene Arbeiten gründlich.	X erfasst meistens den Inhalt und die Wirkung von Texten, kann immer öfter darüber mit anderen diskutieren und seine Aussagen belegen. Beim Schreiben wendet er Überarbeitungshilfen an und korrigiert eigene Arbeiten zunehmend gründlicher.	X erfasst den Inhalt und die Wirkung von Texten immer besser, kann darüber gelegentlich mit anderen diskutieren und seine Aussagen mit Hilfe belegen. Beim Schreiben wendet er nach Aufforderung Überarbeitungshilfen an.
In Deutsch liegen X' Stärken vor allem im Umgang mit Texten. Er erfasst Handlungsabläufe, kann Informationen zu seinem Alltagswissen in Beziehung setzen und zu inhaltlichen Fragen begründet Stellung nehmen.	In Deutsch liegen X' Stärken gelegentlich im Umgang mit Texten. Er erfasst meist Handlungsabläufe, kann Informationen zu seinem Alltagswissen mit Hilfe in Beziehung setzen und zu inhaltlichen Fragen Stellung nehmen.	In Deutsch liegen X' Stärken manchmal mit Hilfe im Umgang mit Texten. Er versucht, Handlungsabläufe zu erfassen, kann Informationen zu seinem Alltagswissen schon mal in Beziehung setzen und zu inhaltlichen Fragen Stellung nehmen.
Besondere Freude hat X am szenischen Nachgestalten von Texten. Auch Gedichte kann er mit bemerkenswerter Betonung vortragen, dabei die Stimmführung gezielt als Ausdrucksmittel nutzen und seine Zuhörer begeistern.	Freude hat X am szenischen Nachgestalten von Texten. Auch Gedichte kann er mit Betonung vortragen, dabei die Stimmführung als Ausdrucksmittel nutzen und seine Zuhörer oft begeistern.	Freude hat X gelegentlich am szenischen Nachgestalten von Texten. Auch Gedichte kann er manchmal mit Betonung vortragen, dabei die Stimmführung als Ausdrucksmittel nutzen und seine Zuhörer mitnehmen.

Note 1–2 Sehr gute bis gute Leistungen	Note 3–4 Befriedigende bis ausreichende Leistungen	Note 5–6 Mangelhafte bis ungenügende Leistungen
X kann Redebeiträge sehr gut vorbereiten, eigene Erfahrungen einbringen und seine Kenntnisse situationsgerecht weitergeben. Er kann auch gut zuhören, geht auf Argumente anderer ein und sucht in verschiedenen Medien themenorientiert nach Informationen.	X kann Redebeiträge vorbereiten, eigene Erfahrungen einbringen und seine Kenntnisse meistens situationsgerecht weitergeben. Er zeigt auch Bereitschaft zum Zuhören, geht auf Argumente anderer meist ein und sucht in verschiedenen Medien themenorientiert nach Informationen.	X bemüht sich, Redebeiträge vorzubereiten, eigene Erfahrungen einzubringen und seine Kenntnisse situationsgerecht weiterzugeben. Er zeigt auch gelegentlich Bereitschaft zum Zuhören, geht nach Zuspruch auf Argumente anderer ein und sucht in verschiedenen Medien immer mehr themenorientiert nach Informationen.
X kann produktiv mit Texten umgehen und Schreibangebote nach eigenem Interesse auswählen.	X kann meistens produktiv mit Texten umgehen und Schreibangebote immer häufiger nach eigenem Interesse auswählen.	X kann gelegentlich produktiv mit Texten umgehen und Schreibangebote nach eigenem Interesse mit Hilfe auswählen.
Weil X seine Einsichten in den Aufbau der Schriftsprache sehr gut vertieft hat, gelingt es ihm, Texte zu verfassen und das Schreiben auch als Lern- und Arbeitshilfe zu nutzen.	Weil X seine Einsichten in den Aufbau der Schriftsprache weiter vertieft hat, gelingt es ihm immer besser, Texte zu verfassen und das Schreiben auch als Lern- und Arbeitshilfe zu nutzen.	Weil X versucht hat, seine Einsichten in den Aufbau der Schriftsprache weiter zu vertiefen, gelingt es ihm manchmal schon, Texte zu verfassen und das Schreiben auch als Lern- und Arbeitshilfe zu nutzen.
X kann Beobachtungen oder Erlebnisse treffend und wortgewandt beschreiben. Sehr erfolgreich wendet er in schriftlichen Darstellungen die behandelten orthografischen Regeln an.	X kann meistens Beobachtungen oder Erlebnisse wortgewandt beschreiben. Erfolgreich wendet er in schriftlichen Darstellungen die behandelten orthografischen Regeln an.	X versucht, Beobachtungen oder Erlebnisse wortgewandt zu beschreiben. Erfolgreich wendet er in schriftlichen Darstellungen manchmal schon die behandelten orthografischen Regeln an.
Beim Erzählen erlebter oder erfundener Geschichten beachtet X sehr gut die Regeln des Textaufbaus und den Zusammenhang von Redemitteln und Sprachwirkung. Da Fehlerschwerpunkte jetzt schon von X sofort genau erkannt werden, wählt er Rechtschreibhilfen sehr gezielt zur Überprüfung seiner Schreibprodukte aus.	Beim Erzählen erlebter oder erfundener Geschichten beachtet X die Regeln des Textaufbaus und den Zusammenhang von Redemitteln und Sprachwirkung. Weil er individuelle Fehlerschwerpunkte jetzt schon kennt, wählt er Rechtschreibhilfen gezielt zur Überprüfung seiner Schreibprodukte aus.	Beim Erzählen erlebter oder erfundener Geschichten beachtet X immer mehr die Regeln des Textaufbaus und den Zusammenhang von Redemitteln. Weil er individuelle Fehlerschwerpunkte mit Hilfe erkennt, wählt er Rechtschreibhilfen gezielter zur Überprüfung seiner Schreibprodukte aus.

Note 1–2 Sehr gute bis gute Leistungen	**Note 3–4 Befriedigende bis ausreichende Leistungen**	**Note 5–6 Mangelhafte bis ungenügende Leistungen**
Beim Schreiben seiner fantasiereichen Erzählungen nutzt X vorhandene Rechtschreibhilfen und Nachschlagewerke. Weil er den Grundwortschatz beherrscht und seine sicheren grammatikalischen Kenntnisse bewusst anwendet, unterlaufen ihm beim Verfassen von Texten sehr selten Fehler.	Beim Schreiben seiner Erzählungen nutzt X vorhandene Rechtschreibhilfen und Nachschlagewerke. Da er den Grundwortschatz fast beherrscht und seine grammatikalischen Kenntnisse bewusst anwendet, unterlaufen ihm beim Verfassen von Texten recht wenige Fehler.	Beim Schreiben von Erzählungen nutzt X mit Hilfe vorhandene Rechtschreibhilfen und Nachschlagewerke. Da er den Grundwortschatz teilweise kennt und seine grammatikalischen Kenntnisse immer besser anwendet, unterlaufen ihm beim Verfassen von Texten nicht mehr so viele Fehler.
X verfügt über einen reichen Wortschatz. Mit spannenden und anschaulichen Erzählungen kann er seine Zuhörer fesseln. Dabei beachtet er die Redeabsicht ebenso wie Vorgaben zum Textaufbau. Auch beim freien Schreiben setzt er stilistische Mittel bereits ganz gezielt ein.	X verfügt über einen altersgemäßen Wortschatz. Mit spannenden und anschaulichen Erzählungen kann er seine Zuhörer immer häufiger fesseln. Dabei beachtet er immer besser die Redeabsicht ebenso wie Vorgaben zum Textaufbau. Auch beim freien Schreiben setzt er stilistische Mittel bereits immer öfter ein.	X verfügt über einen Wortschatz. Mit spannenden und anschaulichen Erzählungen kann er seine Zuhörer gelegentlich fesseln. Dabei beachtet er manchmal schon die Redeabsicht ebenso wie Vorgaben zum Textaufbau. Auch beim freien Schreiben setzt er hin und wieder stilistische Mittel ein.
X arbeitet in Deutsch stets sehr konzentriert mit, er ist immer bereit, sich um bestmögliche Ergebnisse zu bemühen. Nachschlagewerke, Merkhilfen und Kontrollmöglichkeiten nutzt er ohne Aufforderung.	X arbeitet in Deutsch oft sehr konzentriert mit, er ist meistens bereit, sich um bestmögliche Ergebnisse zu bemühen. Nachschlagewerke, Merkhilfen und Kontrollmöglichkeiten nutzt er meistens ohne Aufforderung.	Obwohl X in Deutsch mitunter sehr konzentriert arbeiten kann, ist er nicht immer bereit, sich um bestmögliche Ergebnisse zu bemühen. Nachschlagewerke, Merkhilfen und Kontrollmöglichkeiten nutzt er meistens erst nach Aufforderung.
X' Wortschatz ist sehr gut entwickelt. Schriftliche Darstellungen gelingen ihm fantasievoll. Er beachtet immer die gelernten Rechtschreibregeln und kann seine Texte nach Hinweisen überarbeiten.	X' Wortschatz ist altersgerecht entwickelt. Schriftliche Darstellungen gelingen ihm zunehmend fantasievoller. Er beachtet überwiegend die gelernten Rechtschreibregeln und kann seine Texte immer öfter nach Hinweisen überarbeiten.	X' Wortschatz ist überwiegend altersgerecht entwickelt. Schriftliche Darstellungen gelingen ihm zunehmend besser. Er beachtet öfter schon die gelernten Rechtschreibregeln und kann seine Texte mit Hilfe nach Hinweisen überarbeiten.
X erzählt fantasievoll und in zusammenhängenden Sätzen. Oft stellt er weiterführende Fragen zu den Äußerungen seiner Mitschüler. In schriftlichen Darstellungen beachtet er die Regeln des Satzbaus immer durchgängig.	X erzählt in zusammenhängenden Sätzen. Oft stellt er weiterführende Fragen zu den Äußerungen seiner Mitschüler. In schriftlichen Darstellungen beachtet er immer öfter die Regeln des Satzbaus.	X erzählt immer mehr in zusammenhängenden Sätzen. Oft stellt er weiterführende Fragen zu den Äußerungen seiner Mitschüler. In schriftlichen Darstellungen beachtet er die Regeln des Satzbaus immer besser.

5.1.2 Lesen

Note 1–2 Sehr gute bis gute Leistungen	Note 3–4 Befriedigende bis ausreichende Leistungen	Note 5–6 Mangelhafte bis ungenügende Leistungen
X liest auch unbekannte Texte fließend und betont vor.	X liest auch unbekannte Texte meistens fließend vor.	X versucht, unbekannte Texte fließend und betont vorzulesen.
X kann Texten sehr gut Informationen entnehmen.	X kann Texten immer öfter Informationen entnehmen.	X kann Texten jetzt schon gelegentlich Informationen entnehmen.
X versteht schriftliche Anweisungen sehr gut und handelt selbstständig danach.	X versteht schriftliche Anweisungen immer öfter und handelt selbstständig danach.	X versteht schriftliche Anweisungen mit Hilfe und handelt selbstständig danach.
X wendet Lesestrategien als Hilfe zum Textverständnis an und ist in der Lage, verschiedene Gesprächssituationen zu planen. Er gewinnt immer mehr Einsichten in das Sprachsystem und nutzt seine Kenntnisse beim Schreiben.	X wendet Lesestrategien jetzt schon immer öfter als Hilfe zum Textverständnis an und ist so in der Lage, verschiedene Gesprächssituationen zu planen. Er gewinnt immer mehr Einsichten in das Sprachsystem und nutzt meist seine Kenntnisse beim Schreiben.	X versucht, Lesestrategien als Hilfe zum Textverständnis anzuwenden, und ist immer mehr in der Lage, verschiedene Gesprächssituationen zu planen. Er gewinnt immer mehr Einsichten in das Sprachsystem und nutzt mit Hilfe seine Kenntnisse beim Schreiben.
X hat sein Leseinteresse sehr gut weiterentwickelt und drückt eigene Gedanken zu Texten gern in schriftlicher Form aus. Dabei nutzt er das Wörterbuch und die Rechtschreibhilfe des Computers sehr selbstständig und effektiv.	X hat sein Leseinteresse weiterentwickelt und drückt eigene Gedanken zu Texten meistens in schriftlicher Form aus. Dabei nutzt er immer öfter das Wörterbuch und die Rechtschreibhilfe des Computers selbstständig und effektiv.	X hat versucht, sein Leseinteresse weiterzuentwickeln, und drückt eigene Gedanken zu Texten auch schon in schriftlicher Form aus. Dabei nutzt er mit Hilfe das Wörterbuch und die Rechtschreibhilfe des Computers effektiv.
X kennt verschiedene Textsorten, kann sie anhand ihrer Merkmale sehr gut unterscheiden und Lesevorträge selbstständig vorbereiten. Ausgewählte Texte empfiehlt er seinen Mitschülern gern in Form kreativ gestalteter Lesetipps.	X kennt verschiedene Textsorten und kann sie anhand ihrer Merkmale meistens unterscheiden. Ausgewählte Texte empfiehlt er seinen Mitschülern immer öfter in Form kreativ gestalteter Lesetipps.	X versucht, verschiedene Textsorten anhand ihrer Merkmale zu unterscheiden. Ausgewählte Texte empfiehlt er seinen Mitschülern gern.
Das Lesen bereitet X Freude. Er kann Texte sinngestaltend vortragen und nutzt Lesestrategien als Möglichkeit zum Inhaltsverständnis.	Das Lesen bereitet X meistens Freude. Er kann Texte immer öfter sinngestaltend vortragen und nutzt dabei meist Lesestrategien als Möglichkeit zum Inhaltsverständnis.	Das Lesen bereitet X immer mehr Freude. Er kann Texte mit Hilfe sinngestaltend vortragen und nutzt Lesestrategien als Möglichkeit zum Inhaltsverständnis.

Note 1–2 Sehr gute bis gute Leistungen	Note 3–4 Befriedigende bis ausreichende Leistungen	Note 5–6 Mangelhafte bis ungenügende Leistungen
X hat an der Ausprägung seiner Lesefertigkeiten gearbeitet. Er liest Texte sehr gut und in angemessenem Tempo vor. Die sinnentsprechende Betonung bereitet ihm keine Schwierigkeiten. Zum Inhalt des Gelesenen kann er immer konkrete Aussagen treffen. Sehr sicher ist er bei der Entnahme von Informationen aus Sachtexten.	X hat an der Ausprägung seiner Lesefertigkeiten gearbeitet. Er liest Texte in angemessenem Tempo vor. Die sinnentsprechende Betonung bereitet ihm manchmal noch Schwierigkeiten. Zum Inhalt des Gelesenen kann er meistens Aussagen treffen. Immer sicherer ist er bei der Entnahme von Informationen aus Sachtexten.	X hat an der Ausprägung seiner Lesefertigkeiten gearbeitet. Er liest Texte jetzt in angemessenem Tempo vor. Die sinnentsprechende Betonung bereitet ihm jedoch noch Schwierigkeiten. Zum Inhalt des Gelesenen kann er nicht immer konkrete Aussagen treffen. Sehr unsicher ist er bei der Entnahme von Informationen aus Sachtexten.
X kann individuell ausgewählte Texte und deren Autoren vorstellen. Er kennt verschiedene Leseweisen und kann so zentrale Aussagen und Informationen ermitteln, aber auch Schlussfolgerungen ziehen, reflektieren und begründen.	X kann meistens individuell ausgewählte Texte und deren Autoren vorstellen. Er kennt nun schon verschiedene Leseweisen und kann so Aussagen und Informationen ermitteln, aber auch manchmal schon Schlussfolgerungen ziehen und begründen.	X kann mit Hilfe individuell ausgewählte Texte und deren Autoren vorstellen. Er kennt immer besser die verschiedenen Leseweisen und kann so Aussagen und Informationen ermitteln.

5.1.3 Rechtschreibung

Note 1–2 Sehr gute bis gute Leistungen	Note 3–4 Befriedigende bis ausreichende Leistungen	Note 5–6 Mangelhafte bis ungenügende Leistungen
X schreibt flüssig und in einer sehr gut lesbaren Handschrift.	X schreibt meistens flüssig und in einer lesbaren Handschrift.	X schreibt manchmal schon flüssig und in einer meist lesbaren Handschrift.
X schreibt Texte fehlerfrei ab.	X schreibt Texte meistens fast fehlerfrei ab.	X versucht, Texte fehlerfrei abzuschreiben.
X verwendet Rechtschreibstrategien zum normgerechten Schreiben sicher und gekonnt.	X verwendet Rechtschreibstrategien zum normgerechten Schreiben immer sicherer.	X versucht, Rechtschreibstrategien zum normgerechten Schreiben anzuwenden.

Note 1–2 Sehr gute bis gute Leistungen	Note 3–4 Befriedigende bis ausreichende Leistungen	Note 5–6 Mangelhafte bis ungenügende Leistungen
X nutzt Hilfsmittel zur Selbstkontrolle (z. B. Wörterbücher) sicher.	X nutzt Hilfsmittel zur Selbstkontrolle (z. B. Wörterbücher) immer sicherer.	X nutzt nun schon Hilfsmittel zur Selbstkontrolle (z. B. Wörterbücher).
X nutzt sicher Modellwörter und grammatikalische Kenntnisse als Rechtschreibhilfen und kann den Übungswortschatz richtig schreiben.	Weil X Modellwörter und grammatikalische Kenntnisse als Rechtschreibhilfen nutzt, hat er effektiv an individuellen Fehlerschwerpunkten gearbeitet und kann nun den Übungswortschatz richtig schreiben.	X bemüht sich, Modellwörter und grammatikalische Kenntnisse als Rechtschreibhilfen zu nutzen. Er hat effektiv an individuellen Fehlerschwerpunkten gearbeitet und kann nun den Übungswortschatz schreiben.
X kann verschiedene Ausdrucksvarianten sicher vergleichen und Texte dem Sprech- oder Schreibanlass gemäß planen, verfassen und überarbeiten. Dabei beachtet er die Funktion und die Leistung von Sätzen und nutzt Rechtschreibstrategien sicher und richtig.	X kann verschiedene Ausdrucksvarianten immer sicherer vergleichen und Texte dem Sprech- oder Schreibanlass gemäß planen, verfassen und überarbeiten. Dabei beachtet er meistens die Funktion und die Leistung von Sätzen, nutzt Rechtschreibstrategien aber noch nicht ausreichend zur Vermeidung von Fehlern.	X kann verschiedene Ausdrucksvarianten mit Hilfe vergleichen und Texte dem Sprech- oder Schreibanlass gemäß gelegentlich planen, verfassen und überarbeiten. Dabei beachtet er die Funktion und die Leistung von Sätzen immer besser, nutzt Rechtschreibstrategien aber noch nicht zur Vermeidung von Fehlern.
X hat seine Kenntnisse über den Bau der Sprache sehr gut weiter vertieft. Keine Probleme bereitet ihm die Entwicklung von Rechtschreibstrategien.	X hat seine Kenntnisse über den Bau der Sprache vertieft. Probleme bereitet ihm manchmal die Entwicklung von Rechtschreibstrategien.	X hat seine Kenntnisse über den Bau der Sprache etwas vertieft. Probleme bereitet ihm meistens die Entwicklung von Rechtschreibstrategien.
Es gelingt X, sicher und selbstständig Zusammenhänge zwischen Wort- und Satzebene herzustellen und bekannte Rechtschreibregeln anzuwenden.	Es gelingt X immer besser, selbstständig Zusammenhänge zwischen Wort- und Satzebene herzustellen und bekannte Rechtschreibregeln anzuwenden.	Es gelingt X noch nicht, selbstständig Zusammenhänge zwischen Wort- und Satzebene herzustellen und bekannte Rechtschreibregeln anzuwenden.
X kennt den Übungswortschatz sehr genau. Beim Schreiben von Texten unterlaufen ihm keine Fehler, weil er Ehrgeiz zeigt, seine Arbeiten mittels Rechtschreibhilfen zu überprüfen.	X kennt den Übungswortschatz. Beim Schreiben von Texten unterlaufen ihm manchmal Fehler, weil er noch zu selten Ehrgeiz zeigt, seine Arbeiten mittels Rechtschreibhilfen zu überprüfen.	X kennt den Übungswortschatz immer besser. Beim Schreiben von Texten unterlaufen ihm häufig Fehler, weil er selten genügend Ehrgeiz zeigt, seine Arbeiten mittels Rechtschreibhilfen zu überprüfen.

5.2 Mathematik

5.2.1 Arithmetik

Note 1–2 Sehr gute bis gute Leistungen	Note 3–4 Befriedigende bis ausreichende Leistungen	Note 5–6 Mangelhafte bis ungenügende Leistungen
X orientiert sich im Zahlenraum bis 1000 sicher.	X orientiert sich im Zahlenraum bis 1000 immer sicherer.	X orientiert sich mit Hilfe im Zahlenraum bis 1000.
X beherrscht das kleine Einmaleins sehr gut mit den entsprechenden Umkehraufgaben.	X beherrscht das kleine Einmaleins schon befriedigend mit den entsprechenden Umkehraufgaben.	X beherrscht das kleine Einmaleins immer besser mit den entsprechenden Umkehraufgaben.
X führt halbschriftliche Rechenverfahren der Addition gekonnt aus.	X führt halbschriftliche Rechenverfahren der Addition aus.	X führt halbschriftliche Rechenverfahren der Addition mit Hilfe aus.
X führt halbschriftliche Rechenverfahren der Subtraktion sicher aus.	X führt halbschriftliche Rechenverfahren der Subtraktion aus.	X führt halbschriftliche Rechenverfahren der Subtraktion mit Hilfe aus.
X entnimmt problemlos Informationen aus Sachsituationen und kann Lösungswege aufzeigen.	X entnimmt Informationen aus Sachsituationen und kann meistens Lösungswege aufzeigen.	X entnimmt mit Hilfe Informationen aus Sachsituationen und kann gelegentlich schon Lösungswege aufzeigen.
X löst Kopfrechenaufgaben zügig und gekonnt.	X löst Kopfrechenaufgaben immer öfter schon zügig und gekonnt.	X löst immer besser Kopfrechenaufgaben.
X kann kombinatorische Aufgaben sicher lösen.	X kann kombinatorische Aufgaben lösen.	X kann mit Hilfe kombinatorische Aufgaben lösen.
Schriftliche Rechenverfahren der Addition führt X sicher aus.	Schriftliche Rechenverfahren der Addition führt X immer sicherer aus.	Schriftliche Rechenverfahren der Addition führt X manchmal schon alleine aus.
Schriftliche Rechenverfahren der Subtraktion führt X sicher aus.	Schriftliche Rechenverfahren der Subtraktion führt X aus.	Schriftliche Rechenverfahren der Subtraktion führt X manchmal schon alleine aus.
Halbschriftliche Rechenverfahren der Multiplikation führt X gekonnt aus.	Halbschriftliche Rechenverfahren der Multiplikation führt X immer besser aus.	Halbschriftliche Rechenverfahren der Multiplikation führt X gelegentlich aus.
Halbschriftliche Rechenverfahren der Division führt X sicher aus.	Halbschriftliche Rechenverfahren der Division führt X immer sicherer aus.	Halbschriftliche Rechenverfahren der Division führt X manchmal schon aus.
Neue Lerninhalte, Regeln und mathematische Zusammenhänge erfasst X problemlos und kann diese sprachlich wiedergeben. Im behandelten Zahlenraum rechnet er sicher und beherrscht die mathematischen Verfahren. Sachaufgaben bewältigt er selbstständig und wendet unterschiedliche Lösungswege an.	Neue Lerninhalte, Regeln und mathematische Zusammenhänge erfasst X meistens problemlos und kann diese auch sprachlich wiedergeben. Im behandelten Zahlenraum rechnet er immer sicherer und beherrscht meistens die mathematischen Verfahren. Sachaufgaben bewältigt er immer selbstständiger und wendet unterschiedliche Lösungswege an.	Neue Lerninhalte, Regeln und mathematische Zusammenhänge erfasst X manchmal schon problemlos und kann diese mit Hilfe sprachlich wiedergeben. Im behandelten Zahlenraum rechnet er immer sicherer und beherrscht gelegentlich auch die mathematischen Verfahren. Sachaufgaben bewältigt er mit Hilfe und wendet unterschiedliche Lösungswege an.

Note 1–2 Sehr gute bis gute Leistungen	Note 3–4 Befriedigende bis ausreichende Leistungen	Note 5–6 Mangelhafte bis ungenügende Leistungen
X besitzt sehr gute Fähigkeiten im Argumentieren zu mathematischen Sachverhalten. Er bringt eigene Lösungsstrategien ein und ist in der Lage, seine Ideen bei Gruppenarbeiten auf andere Schüler zu reflektieren.	X besitzt Fähigkeiten im Argumentieren zu mathematischen Sachverhalten. Er bringt immer öfter eigene Lösungsstrategien ein und ist in der Lage, seine Ideen bei Gruppenarbeiten auf andere Schüler zu reflektieren.	X besitzt immer bessere Fähigkeiten im Argumentieren zu mathematischen Sachverhalten. Er bringt nun gelegentlich eigene Lösungsstrategien ein und ist in der Lage, seine Ideen bei Gruppenarbeiten auf andere Schüler zu reflektieren.
X beherrscht die gelernten Rechenverfahren und wendet Algorithmen zielsicher an. Beim Lösen mathematischer Probleme beschafft er sich Informationen, um Ergebnisse darzustellen und auszuwerten.	X kennt die gelernten Rechenverfahren und wendet Algorithmen meistens zielsicher an. Beim Lösen mathematischer Probleme beschafft er sich immer öfter Informationen, um Ergebnisse darzustellen und auszuwerten.	X kennt die gelernten Rechenverfahren immer besser und wendet Algorithmen mit Hilfe an. Beim Lösen mathematischer Probleme beschafft er sich gelegentlich Informationen, um Ergebnisse darzustellen und auszuwerten.
Im Mathematikunterricht arbeitet X sehr selbstständig, sachbezogen und zielorientiert. Er prüft seine Ergebnisse kritisch und hält aufgestellte Regeln konsequent ein. Zu Sachaufgaben kann er Fragen formulieren und Inhalte sicher beurteilen.	Im Mathematikunterricht arbeitet X öfter selbstständig, sachbezogen und zielorientiert. Er prüft seine Ergebnisse meist kritisch und hält aufgestellte Regeln ein. Zu Sachaufgaben kann er meistens Fragen formulieren und Inhalte beurteilen.	Im Mathematikunterricht versucht X, selbstständig, sachbezogen und zielorientiert zu arbeiten. Er prüft seine Ergebnisse mit Hilfe kritisch und hält aufgestellte Regeln immer besser ein. Zu Sachaufgaben kann er Fragen formulieren.
Besondere Freude bereitet X im mathematischen Bereich das Entwickeln und Untersuchen von eigenen Lösungsstrategien unter Zuhilfenahme verschiedener Medien.	Freude bereitet X im mathematischen Bereich immer häufiger das Entwickeln und Untersuchen von eigenen Lösungsstrategien unter Zuhilfenahme verschiedener Medien.	Freude bereitet X im mathematischen Bereich jetzt schon gelegentlich das Entwickeln und Untersuchen von eigenen Lösungsstrategien unter Zuhilfenahme verschiedener Medien.
Beim Lösen kombinatorischer Aufgaben zeigt X fundierte mathematische Grundkenntnisse. X kann Begriffe und Ereignisse aus der eigenen Erfahrungswelt einbringen und kommentieren.	Beim Lösen kombinatorischer Aufgaben zeigt X mathematische Grundkenntnisse. X kann Begriffe und Ereignisse aus der eigenen Erfahrungswelt einbringen und kommentieren.	Beim Lösen kombinatorischer Aufgaben zeigt X manchmal mathematische Grundkenntnisse. X kann Begriffe und Ereignisse aus der eigenen Erfahrungswelt bei Interesse einbringen.
X verfügt über ein gutes mathematisches Grundwissen, das er gezielt anwendet und auf andere Sachverhalte übertragen kann.	X verfügt über ein mathematisches Grundwissen, das er anwendet und auf andere Sachverhalte übertragen kann.	X verfügt über ausbaufähiges mathematisches Grundwissen, das er manchmal anwendet und auf andere Sachverhalte übertragen kann.
X rechnet sicher, rasch und ohne zusätzliche Hilfsmittel im behandelten Zahlenraum. Er kann Sachaufgaben selbstständig lösen und Bekanntes in Beziehung setzen.	X rechnet immer sicherer und manchmal ohne zusätzliche Hilfsmittel im behandelten Zahlenraum. Er kann Sachaufgaben öfter schon selbstständig lösen und Bekanntes in Beziehung setzen.	X rechnet mit zusätzlichen Hilfsmitteln im behandelten Zahlenraum. Er kann Sachaufgaben mit Hilfe lösen und Bekanntes in Beziehung setzen.

Note 1–2 Sehr gute bis gute Leistungen	Note 3–4 Befriedigende bis ausreichende Leistungen	Note 5–6 Mangelhafte bis ungenügende Leistungen
X bereichert den Mathematikunterricht durch fundierte Beiträge und Ideenvielfalt. Neuen Unterrichtsstoff setzt X gekonnt in Beziehung zu bereits bekannten Rechenoperationen.	X bereichert meistens den Mathematikunterricht durch Beiträge und Ideenvielfalt. Neuen Unterrichtsstoff setzt X in Beziehung zu bereits bekannten Rechenoperationen.	X bereichert den Mathematikunterricht nun manchmal schon durch Beiträge und Ideen. Neuen Unterrichtsstoff setzt er mit Hilfe in Beziehung zu bereits bekannten Rechenoperationen.
X kann mathematische Sachverhalte sicher erkennen, in Beziehung setzen und kommentieren. Er beherrscht alle erlernten Rechenverfahren, zeigt logisches Verständnis und Kombinationsfähigkeit.	X kann mathematische Sachverhalte erkennen, meistens in Beziehung setzen und kommentieren. Er kennt alle erlernten Rechenverfahren, zeigt dabei meist logisches Verständnis und Kombinationsfähigkeit.	X kann mathematische Sachverhalte mit Hilfe erkennen, gelegentlich in Beziehung setzen und kommentieren. Er kennt erlernte Rechenverfahren, zeigt manchmal logisches Verständnis und Kombinationsfähigkeit.
X erfasst mathematische Zusammenhänge schnell und kann Gelerntes auf neue Aufgabenformen übertragen.	X erfasst mathematische Zusammenhänge und kann Gelerntes meistens auf neue Aufgabenformen übertragen.	X erfasst mathematische Zusammenhänge mit Hilfe und kann Gelerntes manchmal schon auf neue Aufgabenformen übertragen.
X verfügt über sehr gute mathematische Fähigkeiten, beweist logisches Denkvermögen, geht planvoll an die Aufgabenbewältigung heran und entwickelt eigene Lösungsstrategien. Dabei schenkt er der Selbstkontrolle genug Beachtung, sodass keine Flüchtigkeitsfehler entstehen.	X verfügt über mathematische Fähigkeiten, beweist immer öfter logisches Denkvermögen, geht oft schon planvoll an die Aufgabenbewältigung heran und entwickelt eigene Lösungsstrategien. Dabei schenkt er der Selbstkontrolle immer öfter Beachtung, sodass nur wenige Flüchtigkeitsfehler entstehen.	X verfügt über einzelne mathematische Fähigkeiten, beweist manchmal logisches Denkvermögen, geht an die Aufgabenbewältigung heran und versucht, Lösungsstrategien zu entwickeln. Dabei schenkt er der Selbstkontrolle immer mehr Beachtung, sodass nicht mehr so viele Flüchtigkeitsfehler entstehen.
X ist in der Lage, mathematische Zusammenhänge sicher zu erkennen und Sachverhalte unter Verwendung von Fachbegriffen auszudrücken. Bei mündlichen Übungen ist er stets aufmerksam und kann alle Fragen beantworten.	X ist in der Lage, mathematische Zusammenhänge zu erkennen und Sachverhalte unter Verwendung von Fachbegriffen auszudrücken. Bei mündlichen Übungen verweilt er in der Rolle des Beobachters, kann aber Fragen beantworten.	X ist in der Lage, mathematische Zusammenhänge mit Hilfe zu erkennen und Sachverhalte unter Verwendung von Fachbegriffen auszudrücken. Bei mündlichen Übungen verweilt er lieber in der Rolle des Beobachters, kann aber gelegentlich Fragen beantworten.
Mehrgliedrige Aufgaben kann X selbstständig und sicher unter einer bestimmten Zeitvorgabe lösen und Rechenstrategien erläutern.	Mehrgliedrige Aufgaben kann X meistens unter einer bestimmten Zeitvorgabe lösen und Rechenstrategien erläutern.	Mehrgliedrige Aufgaben kann X mit Hilfe lösen und Rechenstrategien erläutern.
X geht planvoll an die Lösung aller Aufgaben heran und bemüht sich um die Vermeidung von Fehlern. Er beweist Ausdauer und Zielstrebigkeit. Bei umfangreichen Übungen zeigt er Sicherheit und Können.	X geht meistens planvoll an die Lösung aller Aufgaben heran und bemüht sich um die Vermeidung von Fehlern. Er beweist meist Ausdauer und Zielstrebigkeit, ist aber bei umfangreichen Übungen noch unsicher und langsam.	X geht manchmal schon planvoll an die Lösung der Aufgaben heran und bemüht sich um die Vermeidung von Fehlern. Er hat manchmal Ausdauer und Zielstrebigkeit, ist aber bei umfangreichen Übungen unsicher und langsam.

Note 1–2 Sehr gute bis gute Leistungen	Note 3–4 Befriedigende bis ausreichende Leistungen	Note 5–6 Mangelhafte bis ungenügende Leistungen
X besitzt sehr sichere mathematische Grundkenntnisse und ist zum Lernen von Regeln und Grundaufgaben immer motivierbar.	X besitzt mathematische Grundkenntnisse und ist zum Lernen von Regeln und Grundaufgaben meistens motivierbar.	X besitzt einzelne mathematische Grundkenntnisse, ist aber zum Lernen von Regeln und Grundaufgaben nicht immer motivierbar.
Das Lösen formaler Aufgaben gelingt X sehr gut. Neuen Aufgabenstellungen begegnet er sicher und geht gekonnt an die Ausführung heran. Beim mündlichen Rechnen ist er schnell, da er alle Grundaufgaben verinnerlicht hat.	Das Lösen formaler Aufgaben gelingt X zunehmend besser. Neuen Aufgabenstellungen begegnet er noch unsicher und geht manchmal zögerlich an die Ausführung heran. Beim mündlichen Rechnen wird er immer besser, da er fast alle Grundaufgaben verinnerlicht hat.	Das Lösen formaler Aufgaben gelingt X zunehmend besser. Neuen Aufgabenstellungen begegnet er eher unsicher und geht zögerlich an die Ausführung heran oder sucht die Hilfe der Lehrkraft. Beim mündlichen Rechnen ist er noch zu langsam, da er nicht alle Grundaufgaben verinnerlicht hat.
X beherrscht die Rechenoperationen im behandelten Zahlenraum sehr sicher. Das Erstellen eigener Lösungsvarianten gelingt ihm vorbildlich.	X beherrscht die Rechenoperationen im behandelten Zahlenraum mit Hilfen und benötigt manchmal noch Anschauungsmittel. Das Erstellen eigener Lösungsvarianten gelingt ihm immer besser.	X beherrscht die Rechenoperationen im behandelten Zahlenraum nur mit Hilfen und benötigt viele Anschauungsmittel. Das Erstellen eigener Lösungsvarianten gelingt ihm noch nicht.
Im mündlichen Rechnen ist X sicher und vertraut seinen eigenen Leistungen. Einfache Sachsituationen erkennt er sofort und kann diese übertragen und kommentieren.	Im mündlichen Rechnen ist er noch zu zögerlich und vertraut seinen eigenen Leistungen zu wenig. Einfache Sachsituationen erkennt er, kann diese aber nicht immer übertragen und kommentieren.	Im mündlichen Rechnen ist er noch zu zögerlich und benötigt Hilfe für die Leistungen. Einfache Sachsituationen erkennt er gelegentlich, kann diese aber nicht übertragen und kommentieren.
X' mathematische Fähigkeiten sind sehr sicher. Bei mehrgliedrigen Aufgaben braucht er weder zu fragen noch andere Hilfen. Im schriftlichen Bereich zeigt er kontinuierlich, dass er die Aufgaben verstanden hat und sicher lösen kann.	X' mathematische Fähigkeiten sind recht sicher. Bei mehrgliedrigen Aufgaben fragt er manchmal nach. Im schriftlichen Bereich setzt er sich selbst gelegentlich einer zu hohen Erwartungshaltung aus.	X' mathematische Fähigkeiten sind recht sicher. Bei mehrgliedrigen Aufgaben fragt er immer nach und sucht das Gespräch mit der Lehrkraft. Im schriftlichen Bereich setzt er sich selbst einer zu hohen Erwartungshaltung aus, sodass zusätzliche Fehler entstehen.
X folgt dem Mathematikunterricht aufmerksam und zeigt eine ausdauernde Arbeitsweise. Vermittelten Lernstoff versteht er auf Anhieb. Das Lösen von Aufgaben mit einer vorgegebenen Rechengeschwindigkeit gelingt sicher.	X versucht, dem Mathematikunterricht aufmerksam zu folgen, kann die Ausdauer seiner Arbeitsweise aber noch etwas steigern. Vermittelten Lernstoff versteht er manchmal erst nach weiteren Erklärungen. Das Lösen von Aufgaben mit einer vorgegebenen Rechengeschwindigkeit gelingt immer besser.	X versucht, dem Mathematikunterricht aufmerksam zu folgen, muss die Ausdauer seiner Arbeitsweise aber noch steigern. Vermittelten Lernstoff versteht er erst nach weiteren Erklärungen. Das Lösen von Aufgaben mit einer vorgegebenen Rechengeschwindigkeit gelingt kaum.

Note 1–2 Sehr gute bis gute Leistungen	Note 3–4 Befriedigende bis ausreichende Leistungen	Note 5–6 Mangelhafte bis ungenügende Leistungen
X hat große Freude im Mathematikunterricht, braucht keine Hilfe und Unterstützung. Es fällt ihm leicht, logische Sachverhalte zu erkennen und Gelerntes anzuwenden. Seine immer vorhandenen Arbeitsmittel, die korrekten Hausaufgaben und sein Schriftbild tragen zum Erfolg bei.	X gibt sich beim Lernen im Mathematikunterricht Mühe, braucht aber gelegentlich Hilfe und Unterstützung. Es fällt ihm meistens nicht leicht, logische Sachverhalte zu erkennen und Gelerntes anzuwenden. Die manchmal fehlenden Arbeitsmittel, nicht erledigte Hausaufgaben und ein ausbaufähiges Schriftbild können verbessert werden.	X gibt sich beim Lernen im Mathematikunterricht große Mühe, braucht aber sehr viel Hilfe und Unterstützung. Es fällt ihm nicht leicht, logische Sachverhalte zu erkennen und Gelerntes anzuwenden. Fehlende Arbeitsmittel, nicht erledigte Hausaufgaben und ein unsauberes Schriftbild verhindern zusätzlich Lernerfolge.

5.2.2 Geometrie

Note 1–2 Sehr gute bis gute Leistungen	Note 3–4 Befriedigende bis ausreichende Leistungen	Note 5–6 Mangelhafte bis ungenügende Leistungen
X kennt und benennt geometrische Körper und ihre Merkmale sicher und gekonnt.	X kennt und benennt geometrische Körper und ihre Merkmale immer sicherer.	X kennt und benennt geometrische Körper und ihre Merkmale mit Hilfe.
X kann geometrische Grundfertigkeiten (z. B. Zeichnen, Spiegeln) sicher anwenden.	X kann geometrische Grundfertigkeiten (z. B. Zeichnen, Spiegeln) meist sicher anwenden.	X kann geometrische Grundfertigkeiten (z. B. Zeichnen, Spiegeln) mit Hilfe anwenden.
X kann sicher mit Längen umgehen und rechnen.	X kann mit Längen umgehen und rechnen.	X kann immer besser mit Längen umgehen und rechnen.
X kann vorbildlich mit Geldbeträgen rechnen.	X kann mit Geldbeträgen rechnen.	X kann mit Geldbeträgen immer besser rechnen.
Uhrzeiten kann X sicher und schnell benennen und Zeitspannen bestimmen.	Uhrzeiten kann X immer sicherer und schneller benennen und Zeitspannen bestimmen.	X versucht, Uhrzeiten sicher und schnell zu benennen und Zeitspannen zu bestimmen.
Orientierungsübungen nutzt X gezielt, um Lagebeziehungen zwischen verschiedenen Objekten besser beschreiben zu können.	Orientierungsübungen nutzt X meistens gezielt, um Lagebeziehungen zwischen verschiedenen Objekten besser beschreiben zu können.	Orientierungsübungen nutzt X mit Hilfe manchmal schon gezielt, um Lagebeziehungen zwischen verschiedenen Objekten besser beschreiben zu können.
X entwickelt seine sehr guten Fähigkeiten im Zeichnen und Skizzieren ständig weiter.	X entwickelt seine Fähigkeiten im Zeichnen und Skizzieren ständig weiter.	X versucht, seine Fähigkeiten im Zeichnen und Skizzieren ständig weiterzuentwickeln.
Freihandzeichnungen, aber auch Darstellungen mit verschiedenen geometrischen Hilfsmitteln gelingen X sehr gut.	Freihandzeichnungen, aber auch Darstellungen mit verschiedenen geometrischen Hilfsmitteln gelingen X meistens.	Freihandzeichnungen, aber auch Darstellungen mit verschiedenen geometrischen Hilfsmitteln gelingen X zunehmend besser.

Note 1–2 **Sehr gute bis gute Leistungen**	**Note 3–4** **Befriedigende bis ausreichende Leistungen**	**Note 5–6** **Mangelhafte bis ungenügende Leistungen**
X kann Zahlen- und Rechenvorstellungen mithilfe seiner sehr guten geometrischen Kenntnisse entwickeln und kommentieren.	X kann Zahlen- und Rechenvorstellungen mithilfe geometrischer Kenntnisse entwickeln und kommentieren.	X kann Zahlen- und Rechenvorstellungen mithilfe geometrischer Kenntnisse und der Hilfe der Lehrkraft entwickeln und kommentieren.
Beim Zusammenlegen oder Zerlegen von Körpern besitzt X ein klares Vorstellungsvermögen.	Beim Zusammenlegen oder Zerlegen von Körpern besitzt X ein meistens klares Vorstellungsvermögen.	Beim Zusammenlegen oder Zerlegen von Körpern besitzt X ein noch ausbaufähiges Vorstellungsvermögen.
Das Lesen von Plänen, Skizzen oder Karten gelingt X sehr gut.	Das Lesen von Plänen, Skizzen oder Karten gelingt X meist gut.	Das Lesen von Plänen, Skizzen oder Karten gelingt X zunehmend besser.
Das Vergrößern oder Verkleinern nach einem bestimmten Maßstab hat X schnell gelernt und wendet Algorithmen selbstständig an.	Das Vergrößern oder Verkleinern nach einem bestimmten Maßstab hat X gelernt und wendet Algorithmen meistens selbstständig an.	Das Vergrößern oder Verkleinern nach einem bestimmten Maßstab hat X mit Hilfe erlernt und wendet Algorithmen gelegentlich an.
Geometrische Übungen bereiten X viel Freude. Es gelingt ihm, die Erfolgserlebnisse auf diesem Gebiet positiv auf den gesamten Mathematikunterricht zu übertragen.	Geometrische Übungen bereiten X meistens Freude. Es gelingt ihm, die Erfolgserlebnisse auf diesem Gebiet positiv auf den gesamten Mathematikunterricht zu übertragen.	Geometrische Übungen bereiten X gelegentlich Freude. Es gelingt ihm, die Erfolgserlebnisse auf diesem Gebiet positiv auf einen Teil des Mathematikunterrichtes zu übertragen.
X hat Spaß beim Zeichnen und Skizzieren verschiedener Flächen und arbeitet sauber und ordentlich in seinem Geometrieheft.	X hat meistens Spaß beim Zeichnen und Skizzieren verschiedener Flächen und arbeitet immer öfter sauber und ordentlich in seinem Geometrieheft.	X hat gelegentlich schon Spaß beim Zeichnen und Skizzieren verschiedener Flächen und arbeitet immer sauberer und ordentlicher in seinem Geometrieheft.
Geometrische Grundbegriffe (wie Strecke oder Gerade, Dreieck oder Viereck, Fläche oder Körper) wendet X richtig an und kann auch schwierige Konstruktionen durchführen.	Geometrische Grundbegriffe (wie Strecke oder Gerade, Dreieck oder Viereck, Fläche oder Körper) wendet X meistens richtig an und kann einfache Konstruktionen durchführen.	Geometrische Grundbegriffe (wie Strecke oder Gerade, Dreieck oder Viereck, Fläche oder Körper) wendet X mit Hilfe richtig an und kann einfache Konstruktionen gelegentlich durchführen.

5.3 Sachunterricht

Note 1–2 Sehr gute bis gute Leistungen	Note 3–4 Befriedigende bis ausreichende Leistungen	Note 5–6 Mangelhafte bis ungenügende Leistungen
X arbeitet stets an den Themen interessiert und aktiv mit.	X arbeitet meistens an den Themen interessiert und aktiv mit.	X arbeitet gelegentlich an den Themen interessiert und aktiv mit.
X bringt immer Vorwissen ein und bereichert dadurch den Sachunterricht.	X bringt immer öfter Vorwissen ein und bereichert dadurch den Sachunterricht.	X bringt gelegentlich Vorwissen ein und bereichert dadurch den Sachunterricht.
X beobachtet und beschreibt Sachverhalte gekonnt und sehr detailliert.	X beobachtet und beschreibt Sachverhalte immer besser.	X beobachtet und beschreibt Sachverhalte mit Hilfe.
Gelernte Fachbegriffe kann X richtig verwenden.	Gelernte Fachbegriffe kann X meistens richtig verwenden.	Gelernte Fachbegriffe kann X gelegentlich schon richtig verwenden.
Themenbezogene Fragen kann X gut stellen und auch nach deren Antworten suchen.	Themenbezogene Fragen kann X immer öfter stellen und auch nach deren Antworten suchen.	Themenbezogene Fragen kann X manchmal stellen und auch nach deren Antworten suchen.
Versuche führt X sicher durch und geht sachgerecht mit Material und Werkzeug um.	Versuche führt X meistens sicher durch und geht immer öfter sachgerecht mit Material und Werkzeug um.	Versuche führt X mit Hilfe durch und geht auch schon sachgerecht mit Material und Werkzeug um.
X kann sicher Informationen beschaffen, verarbeiten und ansprechend präsentieren.	X kann meistens Informationen beschaffen, verarbeiten und ansprechend präsentieren.	X kann gelegentlich schon Informationen beschaffen, verarbeiten und ansprechend präsentieren.

5.4 Englisch

Note 1–2 Sehr gute bis gute Leistungen	Note 3–4 Befriedigende bis ausreichende Leistungen	Note 5–6 Mangelhafte bis ungenügende Leistungen
X zeigt Interesse an der englischen Sprache und bringt sich aktiv ins Unterrichtsgeschehen ein.	X zeigt meistens Interesse an der englischen Sprache und bringt sich dann aktiv ins Unterrichtsgeschehen ein.	X zeigt gelegentlich Interesse an der englischen Sprache und bringt sich dann auch aktiv ins Unterrichtsgeschehen ein.
X versteht Äußerungen, Hörtexte und Bilderbücher mit bekanntem Wortschatz sehr gut und kann den Inhalt wiedergeben.	X versteht meistens Äußerungen, Hörtexte und Bilderbücher mit bekanntem Wortschatz und kann den Inhalt oft wiedergeben.	X versteht mit Hilfsmitteln Äußerungen, Hörtexte und Bilderbücher mit bekanntem Wortschatz und kann dann den Inhalt wiedergeben.
X verständigt sich in vertrauten Gesprächssituationen sehr gekonnt.	X verständigt sich in vertrauten Gesprächssituationen meist gut.	X verständigt sich mit Hilfe in vertrauten Gesprächssituationen.
Geübte Wörter und Redewendungen spricht X betont und korrekt aus.	Geübte Wörter und Redewendungen spricht X meistens betont und korrekt aus.	Geübte Wörter und Redewendungen spricht X gelegentlich korrekt aus.

Note 1–2 **Sehr gute bis gute Leistungen**	**Note 3–4** **Befriedigende bis ausreichende Leistungen**	**Note 5–6** **Mangelhafte bis ungenügende Leistungen**
Den Sinn einfacher schriftlicher Sätze kann X sehr gut erfassen und daraus wesentliche Informationen entnehmen.	Den Sinn einfacher schriftlicher Sätze kann X erfassen und daraus wesentliche Informationen entnehmen.	Den Sinn einfacher schriftlicher Sätze kann X gelegentlich erfassen und daraus manchmal wesentliche Informationen entnehmen.
X gibt sehr gut englische Inhalte auf Deutsch wieder.	X gibt meistens englische Inhalte auf Deutsch wieder.	X gibt gelegentlich englische Inhalte auf Deutsch wieder.
In Englisch erfasst X zusammenhängende Äußerungen der Lehrkraft und der Mitschüler. Er versteht den Inhalt kurzer Texte und erschließt diesen, auch wenn ein geringer Anteil an unbekanntem Wortschatz enthalten ist. Beim Abschreiben englischsprachiger Wendungen unterlaufen ihm keine Fehler.	In Englisch erfasst X meistens zusammenhängende Äußerungen der Lehrkraft und der Mitschüler. Er versteht den Inhalt kurzer Texte, auch wenn ein geringer Anteil an unbekanntem Wortschatz enthalten ist. Beim Abschreiben englischsprachiger Wendungen unterlaufen ihm nur wenig Fehler.	In Englisch erfasst X mit Hilfen zusammenhängende Äußerungen der Lehrkraft und der Mitschüler. Er versteht manchmal den Inhalt kurzer Texte und erschließt diesen, wenn nur ein geringer Anteil an unbekanntem Wortschatz enthalten ist. Beim Abschreiben englischsprachiger Wendungen unterlaufen ihm immer weniger Fehler.
X kann auf englischsprachige Impulse reagieren und den Inhalt kurzer Texte sehr gut verstehen. Er liest bekanntes Sprachmaterial nach entsprechender Vorbereitung lautrichtig vor und verfasst selbstständig einfache Mitteilungen.	X kann auf englischsprachige Impulse reagieren und den Inhalt kurzer Texte im Wesentlichen verstehen. Er liest bekanntes Sprachmaterial nach entsprechender Vorbereitung lautrichtig vor und verfasst unter Zuhilfenahme von Vorlagen einfache Mitteilungen.	X kann auf englischsprachige Impulse reagieren und den Inhalt kurzer Texte mit Hilfe im Wesentlichen verstehen. Er liest bekanntes Sprachmaterial nach entsprechender Vorbereitung meist lautrichtig vor und verfasst unter Zuhilfenahme von Vorlagen einfache, kurze Mitteilungen.
X ist in der Lage, über sich selbst und andere Personen in englischer Sprache Auskunft zu geben. Er versteht Aussagen der Lehrkraft und benötigt beim Erfassen schriftlich formulierter Aufgaben und Informationen keine Hilfen.	X ist meistens in der Lage, über sich selbst und andere Personen in englischer Sprache Auskunft zu geben. Er versteht immer besser Aussagen der Lehrkraft, benötigt aber noch Hilfe beim Erfassen schriftlich formulierter Aufgaben und Informationen.	X bemüht sich, über sich selbst und andere Personen in englischer Sprache Auskunft zu geben. Er versteht Aussagen der Lehrkraft mit Hilfen und benötigt weitere Hilfen beim Erfassen schriftlich formulierter Aufgaben und Informationen.
Im Englischunterricht kann X sehr gut Informationen aus einem gehörten oder gelesenen Text wiedergeben. Beim schriftlichen Verfassen von Sätzen und Mitteilungen nutzt er vorhandene Vorlagen zielgerichtet, sodass keine Fehler entstehen.	Im Englischunterricht kann X unter Verwendung von Stichworten oder mithilfe von Bildern wesentliche Informationen aus einem gehörten oder gelesenen Text wiedergeben. Beim schriftlichen Verfassen einfacher Sätze und Mitteilungen nutzt er vorhandene Vorlagen noch nicht zielgerichtet, sodass einige Fehler entstehen.	Im Englischunterricht kann X unter Verwendung von Stichworten oder mithilfe von Bildern manchmal schon wesentliche Informationen aus einem gehörten oder gelesenen Text wiedergeben. Beim schriftlichen Verfassen sehr einfacher Sätze und Mitteilungen nutzt er vorhandene Vorlagen noch nicht zielgerichtet, sodass häufig Fehler entstehen.

5.5 Kunst

Note 1–2 Sehr gute bis gute Leistungen	Note 3–4 Befriedigende bis ausreichende Leistungen	Note 5–6 Mangelhafte bis ungenügende Leistungen
X zeigt großes Interesse, Offenheit und Experimentierfreude im Kunstunterricht.	X zeigt meistens Interesse, Offenheit und Experimentierfreude im Kunstunterricht.	X zeigt gelegentlich schon Interesse, Offenheit und Experimentierfreude im Kunstunterricht.
X hält sich an Themenstellungen, Techniken und Gestaltungsvorlagen.	X hält sich meistens an Themenstellungen, Techniken und Gestaltungsvorlagen.	X hält sich immer besser an Themenstellungen, Techniken und Gestaltungsvorlagen.
X gestaltet Kunstwerke mit Ausdruckskraft und Kreativität.	X gestaltet Kunstwerke meistens mit Ausdruckskraft und Kreativität.	X gestaltet Kunstwerke nun schon mit Ausdruckskraft und Kreativität.
X geht planvoll mit Zeit(vorgaben) um und führt Aufgaben sorgfältig zu Ende.	X geht meist planvoll mit Zeit(vorgaben) um und führt Aufgaben immer öfter sorgfältig zu Ende.	X versucht, planvoll mit Zeit(vorgaben) umzugehen, und führt Aufgaben nun gelegentlich sorgfältig zu Ende.
X setzt sich mit eigenen und fremden Werken auseinander.	X setzt sich immer besser mit eigenen und fremden Werken auseinander.	X setzt sich mit Hilfe mit eigenen und fremden Werken auseinander.
X' Fähigkeiten im künstlerischen Bereich sind sehr gut entwickelt und es ist seinen Bildern anzusehen, dass er mit viel Freude an ihnen gearbeitet hat.	X' Fähigkeiten im künstlerischen Bereich sind befriedigend entwickelt und es ist seinen Bildern anzusehen, dass er meist mit Freude an ihnen gearbeitet hat.	X' Fähigkeiten im künstlerischen Bereich sind entwickelt und es ist seinen Bildern anzusehen, dass er manchmal schon mit Freude an ihnen gearbeitet hat.
X' Umgang mit verschiedenen Geräten und Verfahrenstechniken ist immer fachgerecht.	X' Umgang mit verschiedenen Geräten und Verfahrenstechniken ist meistens fachgerecht.	X' Umgang mit verschiedenen Geräten und Verfahrenstechniken ist gelegentlich schon fachgerecht.
Erlernte Begriffe und Fachausdrücke wendet er stets richtig an.	Erlernte Begriffe und Fachausdrücke wendet er meist richtig an.	Erlernte Begriffe und Fachausdrücke wendet er immer besser richtig an.

5.6 Musik

Note 1–2 Sehr gute bis gute Leistungen	Note 3–4 Befriedigende bis ausreichende Leistungen	Note 5–6 Mangelhafte bis ungenügende Leistungen
X zeigt stets Motivation und Interesse am Musikunterricht.	X zeigt Motivation und Interesse am Musikunterricht.	X zeigt gelegentlich Motivation und Interesse am Musikunterricht.
X begleitet Lieder auf Instrumenten sicher und gekonnt.	X begleitet Lieder auf Instrumenten immer besser.	X versucht, Lieder auf Instrumenten zu begleiten.
X setzt sich kreativ mit Musik auseinander.	X setzt sich meistens kreativ mit Musik auseinander.	X setzt sich gelegentlich kreativ mit Musik auseinander.
Mit Komponisten und einzelnen Werken setzt sich X gern auseinander.	Mit Komponisten und einzelnen Werken setzt sich X auseinander.	Mit Komponisten und einzelnen Werken setzt sich X gelegentlich auseinander.

Note 1–2 Sehr gute bis gute Leistungen	Note 3–4 Befriedigende bis ausreichende Leistungen	Note 5–6 Mangelhafte bis ungenügende Leistungen
X singt Lieder verschiedener Musikrichtungen und merkt sich Texte, Melodien und Rhythmen schnell und sicher.	X singt Lieder verschiedener Musikrichtungen und merkt sich meistens auch Texte, Melodien und Rhythmen.	X singt Lieder verschiedener Musikrichtungen und merkt sich nun auch schon Texte, Melodien und Rhythmen.
X kann Klangeigenschaften beschreiben. Zu gehörter Musik vertritt er einen eigenen Standpunkt, akzeptiert aber auch die Ansichten anderer.	X kann meistens Klangeigenschaften beschreiben. Zu gehörter Musik vertritt er immer öfter einen eigenen Standpunkt, akzeptiert aber auch die Ansichten anderer.	X versucht, Klangeigenschaften zu beschreiben. Zu gehörter Musik vertritt er gelegentlich einen eigenen Standpunkt, akzeptiert aber auch die Ansichten anderer.
Große Begeisterung zeigt X, wenn es darum geht, Bildern und Geschichten einen musikalischen Ausdruck zu geben. Zur Umsetzung seiner Ideen wählt er Instrumente und Gegenstände geschickt aus.	Begeisterung zeigt X, wenn es darum geht, Bildern und Geschichten einen musikalischen Ausdruck zu geben. Zur Umsetzung seiner Ideen wählt er meist Instrumente und Gegenstände selbstständig aus.	Begeisterung zeigt X manchmal, wenn es darum geht, Bildern und Geschichten einen musikalischen Ausdruck zu geben. Zur Umsetzung seiner Ideen wählt er Instrumente und Gegenstände mit Hilfe aus.
Das fehlerfreie Nachsingen gehörter Melodien bereitet X keine Schwierigkeiten. Beim Umgang mit Rhythmusinstrumenten kann er sich an Klangbildern orientieren.	Das fehlerfreie Nachsingen gehörter Melodien bereitet X kaum Schwierigkeiten. Beim Umgang mit Rhythmusinstrumenten kann er sich jetzt schon besser an Klangbildern orientieren.	Das fehlerfreie Nachsingen gehörter Melodien bereitet X große Schwierigkeiten. Beim Umgang mit Rhythmusinstrumenten kann er sich mit Hilfe an Klangbildern orientieren.
X findet Gefallen an musikalischen Bewegungsspielen. Das Unterscheiden von Klangeigenschaften verschiedener Instrumente gelingt ihm sehr gut.	X findet meistens Gefallen an musikalischen Bewegungsspielen. Das Unterscheiden von Klangeigenschaften verschiedener Instrumente gelingt ihm immer besser.	X findet gelegentlich Gefallen an musikalischen Bewegungsspielen. Das Unterscheiden von Klangeigenschaften verschiedener Instrumente gelingt ihm mit einiger Hilfe.
X gewinnt Sicherheit bei der Darbietung von Liedern. Auch musikalische Gestaltungsaufgaben mit Instrumenten löst er stets richtig.	X gewinnt zunehmend Sicherheit bei der Darbietung von Liedern. Auch musikalische Gestaltungsaufgaben mit Instrumenten löst er meistens richtig.	X gewinnt zunehmend Sicherheit bei der Darbietung von Liedern. Auch musikalische Gestaltungsaufgaben mit Instrumenten löst er unter Anleitung immer häufiger richtig.

5.7 Religion

Note 1–2 Sehr gute bis gute Leistungen	Note 3–4 Befriedigende bis ausreichende Leistungen	Note 5–6 Mangelhafte bis ungenügende Leistungen
X beteiligt sich aktiv an Gesprächen, Liedern und Ritualen.	X beteiligt sich meistens aktiv an Gesprächen, Liedern und Ritualen.	X beteiligt sich gelegentlich auch aktiv an Gesprächen, Liedern und Ritualen.
X leitet gekonnt ein wertschätzendes Miteinander von Menschen aus biblischen Texten ab.	X leitet ein wertschätzendes Miteinander von Menschen aus biblischen Texten ab.	X leitet immer besser ein wertschätzendes Miteinander von Menschen aus biblischen Texten ab.
Feste und Bräuche im Jahreskreis der Kirche kennt X genau und kann deren Bedeutung sehr gut erklären.	Feste und Bräuche im Jahreskreis der Kirche kennt X meistens und kann deren Bedeutung oft erklären.	Feste und Bräuche im Jahreskreis der Kirche kennt X teilweise und kann mit Hilfe deren Bedeutung erklären.
X erkennt bildhafte Sprache und deutet sie.	X erkennt meistens bildhafte Sprache und deutet sie.	X erkennt gelegentlich bildhafte Sprache und deutet sie.
Fragen und Gedanken kann X in den Religionsunterricht einbringen und tauscht sich mit anderen darüber aus.	Fragen und Gedanken kann X manchmal in den Religionsunterricht einbringen und tauscht sich mit anderen darüber aus.	Fragen und Gedanken kann X mit Hilfe in den Religionsunterricht einbringen und tauscht sich dann immer häufiger mit anderen darüber aus.
X drückt sich gekonnt in verschiedenen Formen (z. B. musikalisch, gestalterisch oder sprachlich) zum jeweiligen Unterrichtsthema aus.	X drückt sich in verschiedenen Formen (z. B. musikalisch, gestalterisch oder sprachlich) zum jeweiligen Unterrichtsthema aus.	X drückt sich mit Hilfsmitteln in verschiedenen Formen (z. B. musikalisch, gestalterisch oder sprachlich) zum jeweiligen Unterrichtsthema aus.

5.8 Sport

Note 1–2 **Sehr gute bis gute Leistungen**	**Note 3–4** **Befriedigende bis ausreichende Leistungen**	**Note 5–6** **Mangelhafte bis ungenügende Leistungen**
X lässt sich offen und motiviert auf den Sportunterricht ein und zeigt dabei stetig Anstrengungsbereitschaft.	X lässt sich immer öfter offen und motiviert auf den Sportunterricht ein und zeigt Anstrengungsbereitschaft.	X lässt sich gelegentlich schon offen und motiviert auf den Sportunterricht ein und zeigt manchmal Anstrengungsbereitschaft.
X hält sich immer an die vereinbarten Sportregeln.	X hält sich meistens an die vereinbarten Sportregeln.	X hält sich immer besser an die vereinbarten Sportregeln.
Einfache Spielideen erfasst X schnell und sicher und setzt diese um.	Einfache Spielideen erfasst X meistens schnell und sicher und setzt diese um.	Einfache Spielideen erfasst X gelegentlich sicher und setzt diese um.
X verhält sich in Spiel- und Bewegungssituationen stets fair und verantwortungsbewusst.	X verhält sich in Spiel- und Bewegungssituationen meistens fair und verantwortungsbewusst.	X verhält sich in Spiel- und Bewegungssituationen nach Aufforderung fair und verantwortungsbewusst.
X zeigt in der Bewegungsfähigkeit Geschick und Koordination.	X zeigt in der Bewegungsfähigkeit manchmal Geschick und Koordination.	X zeigt in der Bewegungsfähigkeit mit Hilfen Geschick und Koordination.
X bewegt sich angstfrei im Wasser.	X bewegt sich immer besser angstfrei im Wasser.	X bewegt sich gelegentlich angstfrei im Wasser.
X führt vorgegebene Bewegungsformen im schultertiefen Wasser sicher und korrekt aus.	X führt vorgegebene Bewegungsformen im schultertiefen Wasser meist schon sicher und korrekt aus.	X führt vorgegebene Bewegungsformen im schultertiefen Wasser immer sicherer aus.

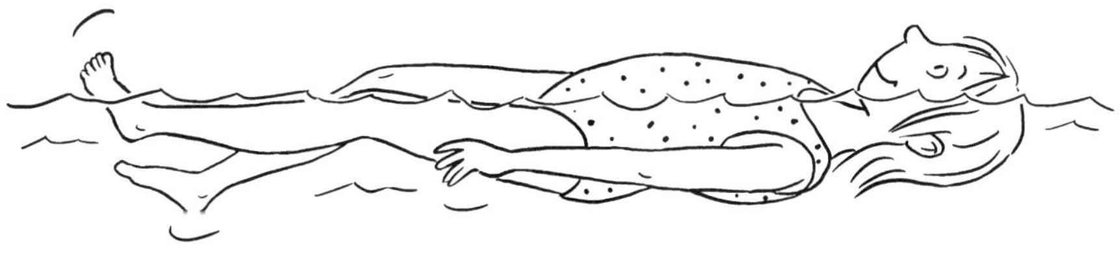

5.9 Beispielzeugnisse

Beispiele für ein sehr gutes bis gutes Zeugnis

a) X ist ein kontaktfreudiger, stets gut gelaunter Schüler. Durch sein ehrliches und ungezwungenes Wesen ist er in der Klasse sehr beliebt. X setzt sich für seine Freunde ein und tritt in Streitigkeiten schlichtend und versöhnlich auf. Trotz seines Temperaments und großen Bewegungsdrangs hält er sich stets an die vereinbarten Regeln. Zu Erwachsenen ist er aufgeschlossen, hilfsbereit und wahrt höfliche Umgangsformen. X zeichnet sich durch eine sehr gute Mitarbeit aus. Er hat Freude am Lernen, setzt sich intensiv mit dem Stoff auseinander und bereichert den Unterricht durch ein umfangreiches Allgemeinwissen.

Sein großer Wortschatz hilft ihm beim Formulieren durchdachter, sachbezogener Beiträge. Hier wendet X auch seine Kenntnisse über die Zeitformen richtig an. Bei der Erledigung schriftlicher Übungen hat X weiter Fortschritte gemacht. Das Nutzen des Wörterverzeichnisses und anderer Hilfsmittel ist für ihn selbstverständlich.

X besitzt ein sehr gutes logisches Denkvermögen und ist in der Lage, mathematische Zusammenhänge schnell und sicher zu erkennen. Im behandelten Zahlenraum ist er sicher und beherrscht die Grundrechenarten gekonnt. Beim Lösen von Sachaufgaben zeigt X eigene Rechenwege auf und wendet Rechenvorteile an. Bei schriftlichen Übungen achtet er auf eine ansprechende Form.

Engagiert und ideenreich arbeitet X in Gruppen mit. Er ist in der Lage, eigene Vorstellungen einzubringen und zeigt sich stets offen für die Vorschläge seiner Mitschüler.

b) Durch fleißiges und zielgerichtetes Lernen hat X in diesem Schuljahr die guten und sehr guten Leistungen stabilisieren können. Seine ausnahmslos aktive Mitarbeit ist weiterhin beispielhaft. Dabei durchdenkt er Beiträge gründlich und formuliert seine Gedanken treffend und folgerichtig.

X ist selbstständig in der Lage, sich Informationen zu beschaffen, sie zu ordnen und sachbezogen aufzubereiten. Er erfasst den Inhalt und die Wirkung von Texten, kann darüber mit anderen diskutieren und seine Aussagen belegen. Beim Schreiben wendet er Überarbeitungshilfen an und korrigiert eigene Arbeiten immer gründlicher.

Auch in Mathematik achtet X ständig auf Genauigkeit und Sorgfalt. Sein Wissen ist sicher und anwendungsbereit, sodass er selbst mehrgliedrige Aufgaben ohne Hilfe lösen kann.

Beim Lernen in der Gruppe ist X um schwächere Schüler bemüht. Er bringt Lösungsvorschläge ein und ist fähig, gemeinsam mit seinen Partnern Entscheidungen für ein rationelles Vorgehen zu fällen.

Beispiele für ein befriedigendes bis ausreichendes Zeugnis

a) X ist lebhaft, recht mitteilsam und um andere Kinder bemüht. Streitigkeiten kommen immer seltener vor, weil X Hinweise zu einem umgänglichen Verhalten einsichtiger annimmt und die Vorstellungen und Meinungen seiner Mitschüler besser akzeptiert. Zu Erwachsenen ist er freundlich und hilfsbereit.

Im Unterricht ist X' Mitarbeit noch recht schwankend und vom Thema abhängig. Einerseits arbeitet er selbstständig, zügig und entwickelt eigene Ideen, andererseits benötigt er zur Lösung seiner Aufgaben Denkanstöße, um Regeln bewusst anzuwenden und Zusammenhänge herstellen zu können. X verfügt über einen umfangreichen Wortschatz und ist dadurch in der Lage, mündliche und schriftliche Beiträge meistens ausführlich, fantasievoll und geordnet zu formulieren.

In Mathematik hat X grundlegende Regeln und Rechenschritte verinnerlicht. Er arbeitet aber nicht immer konzentriert genug, um diese auch sinnvoll und fehlerfrei anzuwenden. Das vollständige Lösen von Sachaufgaben gelingt ihm mit Hilfe.

X ist um eine übersichtliche Heftführung und ein sauberes, leserliches Schriftbild bemüht.

b) X arbeitet eifrig, aber still und zurückhaltend in allen Lernbereichen mit. Sein Verhältnis zu den Mitschülern und Lehrkräften ist herzlich und aufrichtig. Im freien Sprechen ist er noch sehr zögerlich, wendet aber Gesprächsregeln zweckmäßig an.

X' gesamte Ordnung und Heftführung sind teilweise durch Klarheit und Geradlinigkeit gekennzeichnet. Umsichtig und anschaulich gibt er meistens Gestaltungsideen weiter und freut sich über Erfolge seiner Mitschüler. Er ist immer besser in der Lage, Texten Sachinformationen zu entnehmen und diese in eigenen Sätzen zu ordnen. Er nutzt selbstständig Nachschlagewerke und versucht, zusätzliche Fakten zu erfragen. Seine orthografischen Kenntnisse sind immer sicherer und anwendungsbereit.

Da X in seiner Freizeit gern knobelt und Rechenrätsel löst, beherrscht er Lösungsstrategien, die er auf das mathematische Schulwissen übertragen kann. Besondere Freude hat er am Zeichnen und Konstruieren im Geometrieunterricht.

Außerhalb des Unterrichts ist X aktiv in der Musikschule. Mit seinen Darbietungen hat er auch schulische Veranstaltungen schon bereichert.

Beispiele für ein mangelhaftes bis ungenügendes Zeugnis

a) X hat in diesem Schuljahr die Lernziele nur sehr mühsam und teilweise erreichen können. Strenge Kontrolle und ständige Ermunterung durch Lehrkräfte und Mitschüler sind notwendig, damit er das Unterrichtsgeschehen aufmerksam verfolgt. Obwohl X über das erforderliche Grundwissen gelegentlich verfügt, beteiligt er sich kaum an Gesprächen oder Diskussionen. Wird er dazu aufgefordert, wirkt er oft sehr unsicher, weil ihm durch unzureichende mündliche Mitarbeit die Übung fehlt.

Formale schriftliche Aufgaben löst X jetzt schon selbstständiger. Schwierigkeiten treten weiterhin bei der lesetechnischen Bewältigung umfangreicher Übungen auf. Fragen zum Inhalt von Texten kann er nach stillem Lesen nur selten allein beantworten. Beim freien Schreiben wählt X der Redeabsicht entsprechende Fakten aus, braucht aber noch Hilfe, um diese zu ordnen und in vollständige Sätze zu fassen. Das Überarbeiten von schriftlichen Darstellungen mittels einfacher Anleitungen gelingt ihm nicht.

In Mathematik hat X sein Arbeitsverhalten nicht positiv weiterentwickelt. Er kann sich zwar im behandelten Zahlenraum orientieren, hört aber oft nicht zu, durchdenkt Aufgabenstellungen kaum bis zum Ende und verwechselt Rechenoperationen, weil er die Sinnhaftigkeit von Ergebnissen nicht überprüft. Besonders schwer fällt es ihm, Sachaufgaben die zum Rechnen erforderlichen Informationen zu entnehmen und durch inhaltliche Überlegungen mögliche Lösungswege zu finden. Hier verlässt er sich gern auf die Unterstützung durch einen Lernpartner. Für das exakte Bearbeiten geometrischer Aufgaben fehlen oft die benötigten Zeichengeräte.

b) Es ist X auch im dritten Schuljahr noch nicht gelungen, ein freudvolleres Verhältnis zu seinen Mitschülern aufzubauen. Sein ungezügeltes Pausenverhalten ist oft der Anlass für Streitigkeiten. Diese Impulsivität überträgt er zum Teil auf den Stundenverlauf, den er dann durch unüberlegte Zwischenrufe stört. Lehrkräften gegenüber vergreift er sich gelegentlich im Umgangston und nimmt Hilfen nicht an.

X muss noch lernen, seine Ansichten klar zu formulieren und diese gesittet vorzutragen. Er verfügt über einen ausbaufähigen Wortschatz, der rechtschreiblich noch nicht ausreichend gesichert ist. An der Ausprägung seiner Lesefertigkeit hat er schon besser gearbeitet.

Bei mathematischen Übungen ist X in der Lage, Rechenschritte zu gliedern, Sachzusammenhänge darzustellen und Textaufgaben mit Hilfen zu lösen. Die Sinnhaftigkeit des Auswendiglernens der Grundaufgaben stellt er weiter infrage. Da seine Arbeitsmittel nicht immer vollständig sind, kann er geometrische Übungen nur teilweise bewältigen. Im Kunstunterricht zeigt er wenig Interesse und entwickelt keine kreativen Lösungsvorschläge. Große Anerkennung erlangt X bei seinen Mitschülern für seine sportlichen Leistungen. Hier kämpft er für die Gruppe und setzt sich für schwächere Schüler ein.

6 Formulierungen für die Klasse 4: Empfehlungen für die weiterführende Schule

Die Empfehlung für die weiterführende Schule wird am Ende der Grundschulzeit geschrieben und soll den Eltern eine Orientierung für die Wahl der Schule geben. Weiterhin wird diese Empfehlung an die aufnehmende weiterführende Schule gegeben, sodass diese sich ein Bild von dem Schüler machen kann.

In der Empfehlung wird versucht, die Entwicklung des Schülers über die gesamte Grundschulzeit darzustellen. Es wird über das Arbeits- und Sozialverhalten geschrieben sowie über die Hauptfächer. Erwähnung können hier noch Besonderheiten finden, wie z. B. außergewöhnliche Leistungen im Sport oder gemeinnützliche Tätigkeiten.

6.1 Arbeits- und Sozialverhalten

Note 1–2 Sehr gute bis gute Leistungen	**Note 3–4 Befriedigende bis ausreichende Leistungen**	**Note 5–6 Mangelhafte bis ungenügende Leistungen**
X war während der gesamten Grundschulzeit ein hilfsbereiter und aufgeschlossener Schüler.	X war während der gesamten Grundschulzeit meistens ein hilfsbereiter und aufgeschlossener Schüler.	X war während der gesamten Grundschulzeit immer bemüht, ein hilfsbereiter und aufgeschlossener Schüler zu sein.
Den Unterricht verfolgte X stets aufmerksam, beteiligte sich regelmäßig und war konzentriert bei der Sache.	Den Unterricht verfolgte X meistens aufmerksam, beteiligte sich regelmäßig und war konzentriert bei der Sache	Den Unterricht verfolgte X zunehmend aufmerksamer, beteiligte sich auch schon regelmäßiger und war konzentrierter bei der Sache.
X ist in der Lage, konzentriert und selbstständig auch über einen längeren Zeitraum zu arbeiten.	X ist meistens in der Lage, konzentriert und selbstständig auch über einen längeren Zeitraum zu arbeiten.	X ist mit Hilfe in der Lage, konzentriert und immer selbstständiger auch über einen gewissen Zeitraum zu arbeiten.
X arbeitete überwiegend konzentriert und in einem angemessenen Tempo an seinen Aufgaben.	X arbeitete meistens konzentriert und immer besser in einem angemessenen Tempo an seinen Aufgaben.	X arbeitete gelegentlich konzentriert und manchmal in einem angemessenen Tempo an seinen Aufgaben.
Dem Unterricht folgte X stets interessiert und beteiligte sich regelmäßig.	Dem Unterricht folgte X überwiegend interessiert und beteiligte sich.	Dem Unterricht folgte X immer mal wieder interessiert und beteiligte sich.
Neue Lerninhalte, Regeln und Zusammenhänge erfasste X beim Lesen der Aufgabenstellungen ohne Probleme.	Neue Lerninhalte, Regeln und Zusammenhänge erfasste X meistens beim genauen Lesen der Aufgabenstellungen ohne Probleme.	Neue Lerninhalte, Regeln und Zusammenhänge erfasste X gelegentlich beim genauen Lesen der Aufgabenstellungen ohne Probleme.
An seinen Aufgaben arbeitete X immer konzentriert und vermied auf diese Weise Flüchtigkeitsfehler.	An seinen Aufgaben arbeitete X meistens konzentriert und vermied auf diese Weise oft Flüchtigkeitsfehler.	An seinen Aufgaben arbeitete X gelegentlich konzentriert und versuchte auf diese Weise, Flüchtigkeitsfehler zu vermeiden.

6.2 Deutsch

Note 1–2 **Sehr gute bis gute Leistungen**	**Note 3–4** **Befriedigende bis ausreichende Leistungen**	**Note 5–6** **Mangelhafte bis ungenügende Leistungen**
Das Verfassen eigener Texte gelang X unter Beachtung der erarbeiteten Gestaltungsmerkmale sehr gut, wobei ihm das Schreiben informierender Texte leichter fiel als das Formulieren fantasievoller Geschichten.	Das Verfassen eigener Texte gelang X unter Beachtung der erarbeiteten Gestaltungsmerkmale meistens, wobei ihm das Schreiben informierender Texte leichter fiel als das Formulieren fantasievoller Geschichten.	Das Verfassen eigener Texte gelang X unter Beachtung der erarbeiteten Gestaltungsmerkmale immer besser, wobei ihm das Schreiben informierender Texte leichter fiel als das Formulieren fantasievoller Geschichten.
Grammatikalische Lerninhalte wendete X problemlos an.	Grammatikalische Lerninhalte wendete X meistens problemlos an.	Grammatikalische Lerninhalte wendete X immer besser an.
Sowohl bekannte als auch unbekannte Texte trug X immer flüssig vor.	Sowohl bekannte als auch unbekannte Texte trug X meistens flüssig vor.	Sowohl bekannte als auch unbekannte Texte trug X gelegentlich flüssig vor.
Gelernte Rechtschreibregeln haben sich im Laufe der Zeit gefestigt, sodass X bei der Kontrolle des Geschriebenen keine Fehler machte.	Gelernte Rechtschreibregeln haben sich im Laufe der Zeit gefestigt, sodass X bei genauer Kontrolle des Geschriebenen kaum Fehler machte.	Gelernte Rechtschreibregeln haben sich im Laufe der Zeit überwiegend gefestigt, sodass X bei genauer Kontrolle des Geschriebenen immer weniger Fehler machte.

6.3 Mathematik

Note 1–2 **Sehr gute bis gute Leistungen**	**Note 3–4** **Befriedigende bis ausreichende Leistungen**	**Note 5–6** **Mangelhafte bis ungenügende Leistungen**
X war in der Lage, mathematische Strukturen zu erfassen, und zeigte logisches Denken in der Mathematik.	X war in der Lage, mathematische Strukturen zu erfassen, und zeigte immer öfter logisches Denken in der Mathematik.	X war in der Lage, mathematische Strukturen zu erfassen, und bemühte sich um logisches Denken in der Mathematik.
X erkannte Gesetzmäßigkeiten und wendete Regeln richtig an.	X erkannte meistens Gesetzmäßigkeiten und wendete Regeln richtig an.	X erkannte gelegentlich schon Gesetzmäßigkeiten und wendete Regeln richtig an.
Die schriftlichen Rechenverfahren der Addition und Subtraktion beherrschte X sicher und löste Sachaufgaben selbstständig.	Die schriftlichen Rechenverfahren der Addition und Subtraktion beherrschte X meistens und löste Sachaufgaben überwiegend selbstständig.	X bemühte sich, die schriftlichen Rechenverfahren der Addition und Subtraktion zu beherrschen und löste Sachaufgaben mit Hilfe.
X beherrschte alle bisher erarbeiteten Rechenverfahren im Zahlenraum bis zu einer Million sicher und löste Sachaufgaben selbstständig.	X beherrschte die meisten bisher erarbeiteten Rechenverfahren im Zahlenraum bis zu einer Million und löste Sachaufgaben meist selbstständig.	X beherrschte einige bisher erarbeiteten Rechenverfahren im Zahlenraum bis zu einer Million und löste Sachaufgaben mit Hilfe.

6.4 Sachunterricht

Note 1–2 Sehr gute bis gute Leistungen	Note 3–4 Befriedigende bis ausreichende Leistungen	Note 5–6 Mangelhafte bis ungenügende Leistungen
Mit großem Interesse nahm X am Sachunterricht teil.	Meistens nahm X mit großem Interesse am Sachunterricht teil.	Gelegentlich nahm X mit Interesse am Sachunterricht teil.
X erkannte rasch Zusammenhänge und behielt auch Einzelheiten im Gedächtnis.	X erkannte meistens rasch Zusammenhänge und behielt auch Einzelheiten immer besser im Gedächtnis.	X erkannte manchmal Zusammenhänge und behielt Einzelheiten immer besser im Gedächtnis.
Im Sachunterricht beteiligte X sich stets aktiv mit Beitragen aus seinem Erfahrungsbereich.	Im Sachunterricht beteiligte X sich meistens mit Beiträgen aus seinem Erfahrungsbereich.	Im Sachunterricht beteiligte X sich gelegentlich mit Beiträgen aus seinem Erfahrungsbereich.

6.5 Englisch

Note 1–2 Sehr gute bis gute Leistungen	Note 3–4 Befriedigende bis ausreichende Leistungen	Note 5–6 Mangelhafte bis ungenügende Leistungen
X zeigte Interesse an der englischen Sprache und brachte sich aktiv ins Unterrichtsgeschehen ein.	X zeigte Interesse an der englischen Sprache und brachte sich meistens aktiv ins Unterrichtsgeschehen ein.	X zeigte gelegentlich Interesse an der englischen Sprache und brachte sich manchmal aktiv ins Unterrichtsgeschehen ein.
X verstand Äußerungen, Hörtexte und einfache schriftliche Texte mit bekanntem Wortschatz und konnte den Inhalt wiedergeben.	X verstand meistens Äußerungen, Hörtexte und einfache schriftliche Texte mit bekanntem Wortschatz und konnte den Inhalt überwiegend wiedergeben.	X verstand gelegentlich Äußerungen, Hörtexte und einfache schriftliche Texte mit bekanntem Wortschatz und konnte den Inhalt mit Hilfe wiedergeben.
In vertrauten Gesprächssituationen konnte X sich sehr gut verständigen.	In vertrauten Gesprächssituationen konnte X sich meistens verständigen.	In vertrauten Gesprächssituationen konnte X sich gelegentlich schon verständigen.

6.6 Beispielempfehlungen

Beispiele für sehr gute bis gute Leistungen in der Grundschulzeit

a) X war während der gesamten Grundschulzeit ein freundlicher und hilfsbereiter Schüler, der sich gut in die Situation anderer hineinversetzen konnte. Dem Unterricht folgte er stets sehr aufmerksam und beteiligte sich immer mit eigenen Beiträgen am Unterricht. X arbeitete überwiegend konzentriert und in einem angemessenen Tempo an seinen Aufgaben.

Eigene Texte verfasste X selbstständig unter Beachtung der erarbeiteten Gestaltungsmerkmale. Erlernte grammatikalische Grundregeln beherrschte er sehr gut und konnte diese auch beim freien Schreiben anwenden. Texte las X flüssig und konnte Fragen zum Text bei konzentrierter Arbeitsweise problemlos beantworten. X kannte alle gelernten Rechtschreibregeln und wendete diese stets an.

X verfügt über eine gefestigte Zahlenvorstellung und erfasste mathematische Strukturen und Gesetzmäßigkeiten in der Regel schnell. Er beherrscht die vier Grundrechenarten sicher und konnte selbstständig Sachaufgaben erschließen und bearbeiten.

X zeigte Interesse an der englischen Sprache und brachte sich stets aktiv im Unterricht ein. Er verstand Äußerungen, Hörtexte und einfache schriftliche Texte mit bekanntem Wortschatz und konnte den Inhalt wiedergeben. In vertrauten Gesprächssituationen konnte er sich verständigen.

Im Sachunterricht hörte X fast immer interessiert zu und stellte auch sachangemessene Fragen. Er beschäftigte sich gern mit Sachbüchern und schaffte sich so eigenständig Wissen an. Mit seinen Mitschülern arbeitete er gut zusammen und nahm auch Hilfe an.

b) X war während der gesamten Grundschulzeit ein interessierter und freundlicher Schüler, der dem Unterricht aufmerksam folgte und sich regelmäßig mit eigenen Beiträgen beteiligte. Auf neue Lerninhalte konnte er sich stets problemlos einstellen und seine Aufgaben überwiegend konzentriert, selbstständig und in zügigem Tempo bearbeiten.

Eigene Geschichten verfasste X mit guten Ideen, bei denen er die erarbeiteten Gestaltungsmerkmale in nahezu vollem Umfang berücksichtigte. Die gelernten grammatikalischen Grundregeln hat er verinnerlicht. Sowohl bekannte als auch unbekannte Texte las X mit guter Betonung vor und war in der Lage, mit dem Inhalt selbstständig weiterzuarbeiten. X arbeitete fast immer konzentriert und in einem angemessenen Tempo an seinen Aufgaben.

Im Mathematikunterricht verfügt X über eine gefestigte Zahlenvorstellung und erfasste mathematische Strukturen und Gesetzmäßigkeiten meistens schnell. Er beherrscht alle bisher erarbeiteten Rechenverfahren im Zahlenraum bis zu einer Million sicher und löste Sachaufgaben selbstständig.

X zeigte Interesse an der englischen Sprache und brachte sich aktiv ins Unterrichtsgeschehen ein. Er verstand Äußerungen, Hörtexte und einfache schriftliche Texte mit bekanntem Wortschatz und konnte den Inhalt wiedergeben. In vertrauten Gesprächssituationen hat er sich gut verständigt.

Im Sachunterricht beteiligte X sich mit Beiträgen aus seinem Erfahrungsbereich. Er erkannte rasch Zusammenhänge und konnte diese verständlich darstellen.

Beispiele für befriedigende bis ausreichende Leistungen in der Grundschulzeit

a) X war während der gesamten Grundschulzeit ein offener und meist hilfsbereiter Schüler, der sich bei Interesse am Thema mit eigenen Gesprächsbeiträgen am Unterricht beteiligte. Um neue Lerninhalte, Regeln und Zusammenhänge zu erfassen und umzusetzen, benötigte er eine konzentrierte Arbeitsweise. Dann war X unter Zuhilfenahme gelegentlicher Hilfestellungen in der Lage, diese eigenständig anzuwenden.

Beim Verfassen eigener Texte beachtete X zunehmend die vorgegebenen Gestaltungsmerkmale. Erlernte grammatikalische Grundregeln konnte er benennen, wendete diese jedoch noch nicht durchgängig an. Sowohl bekannte als auch unbekannte Texte trug X zunehmend flüssiger vor. Hierbei unterliefen ihm jedoch häufig noch Lesefehler, die auch dazu führten, dass er Fragen zum Text nicht immer korrekt beantwortete. Bei konzentrierter Arbeitsweise war X in der Lage, gelernte Rechtschreibregeln zu benennen und anzuwenden. Häufig arbeitete er hier jedoch noch zu oberflächlich und wendete die bekannten Regeln zu selten an.

X war in der Lage, mathematische Strukturen zu erfassen, und er bemühte sich um logisches Denken in der Mathematik. Er beherrscht alle bisher erarbeiteten Rechenverfahren im Zahlenraum bis zu einer Million und löste auch Sachaufgaben selbstständig.

X verfolgte den Englischunterricht aufmerksam, war aber noch zu oft abgelenkt. Er konnte Äußerungen und Hörtexte mit bekanntem Wortschatz verstehen, einfache Sätze erlesen und Arbeitsanweisungen umsetzen.

X bekundete Interesse am Sachunterricht und konnte einfache Zusammenhänge im Sachunterricht erkennen und darstellen. Er beteiligte sich gern mit Beiträgen aus seinem Erfahrungsbereich.

b) X war während der gesamten Grundschulzeit ein meist aufgeschlossener, freundlicher Schüler, der gern im Mittelpunkt des Interesses stand. Dem Unterricht folgte X mit wechselndem Interesse. An Unterrichtsgesprächen beteiligte er sich meistens lebhaft, wobei seine Beiträge manchmal sehr weitschweifig waren. Nicht immer bearbeitete er Aufgaben gemäß der Aufgabenstellung. Es gelang ihm noch nicht durchgängig, sich selbstständig zu organisieren. Je nach Interesse am Thema arbeitete X mit wechselnder Sorgfalt.

Beim Verfassen eigener Texte beachtete X zunehmend die vorgegebenen Gestaltungsmerkmale und wendete beim Erzählen und Schreiben grammatikalische Grundregeln an. Bekannte Texte trug X recht fließend und mit guter Betonung vor. Fremde Texte erlas er nicht immer sorgfältig genug, sodass Lesefehler entstanden. Gelernte Rechtschreibregeln wendete X immer sicherer an.

Im Mathematikunterricht wendete X alle bisher erlernten Rechenverfahren im Zahlenraum bis zu einer Million immer besser an. Auch schwierige Aufgaben löste er immer öfter mit Geschick und Kombinationsgabe. Einfache Aufgaben löste X gelegentlich zu flüchtig, sodass ihm unnötige Fehler unterliefen.

X zeigte Interesse an der englischen Sprache und brachte sich immer aktiver in den Unterricht ein. Er verstand Äußerungen, Hörtexte und einfache schriftliche Texte mit bekanntem Wortschatz und konnte den Inhalt wiedergeben. In vertrauten Gesprächssituationen konnte er sich verständigen.

X bekundete Interesse am Sachunterricht und konnte einfache Zusammenhänge erkennen und darstellen. Es kam jedoch auch vor, dass er oberflächliche und wenig sachgemäße Beiträge lieferte.

Beispiele für mangelhafte bis ungenügende Leistungen in der Grundschulzeit

a) Obwohl X erst im zweiten Schuljahr in die Klasse kam, konnte er sich recht zügig in den Klassenverband einfügen. Er lernte nach und nach, sich an die in der Klasse geltenden Regeln zu halten. Dem Unterrichtsgeschehen folgte er überwiegend aufmerksam. Mangelnde Sprachkenntnisse sorgten manchmal noch dafür, dass er Arbeitsaufträge nicht richtig ausführte. Im Laufe der Zeit arbeitete X immer sorgfältiger und fragt mehr nach.

Eigene Texte verfasste X immer verständlicher und vermehrt unter Beachtung der gelernten Gestaltungsmerkmale und grammatikalischer Grundregeln. Lesetexte trug X noch etwas stockend und wenig betont vor, was bei den Zuhörenden teilweise zu Verständnisschwierigkeiten führte. Einfache Fragen zum Text konnte er immer besser beantworten. X' Rechtschreibleistungen haben sich bei konzentrierter Arbeitsweise gesteigert. Häufig arbeitete er aber noch oberflächlich und wendete die gelernten Regeln kaum an.

Im Mathematikunterricht durschaute er oft den Zahlenraum bis zu einer Million, konnte die erlernten Rechenverfahren manchmal anwenden und zeigte seine Stärke im Kopfrechnen. Jedoch arbeitete er meist zu flüchtig. Beim selbstständigen Lösen von Sachaufgaben zeigte X häufig noch Unsicherheiten.

X verfolgte den Englischunterricht nicht immer aufmerksam und war zu oft abgelenkt. Obwohl er Äußerungen und Hörtexte mit bekanntem Wortschatz verstand, reagierte er darauf nicht immer angemessen. Einfache Sätze konnte er lesen und Arbeitsanweisungen umsetzen.

X zeigte nur wenig Verständnis für sachkundliche Zusammenhänge und es fiel ihm selten leicht, Informationen aufzunehmen und zu ordnen.

b) X war im Unterricht stets ein zurückhaltender Schüler, der sich erst in der letzten Zeit zunehmend häufiger aus eigenem Antrieb am Unterrichtsgeschehen beteiligte. X war leicht ablenkbar, hat aber gelernt, sich in einem ruhigen Lernumfeld immer besser auf seine Aufgaben zu konzentrieren.

X gab sich große Mühe, die im Unterricht erarbeiteten Gestaltungsmerkmale zu verschiedenen Textsorten umzusetzen und sich grammatikalisches Grundwissen anzueignen. Insbesondere das Verfassen fantasievoller Geschichten fiel ihm jedoch noch schwer. Unbekannte Texte las X immer flüssiger, aber weiterhin sehr leise vor. Er war in der Lage, Fragen zum Text immer besser zu beantworten. Die Anwendung einiger gelernter Rechtschreibregeln hat sich im Laufe der Zeit verbessert, ist aber noch nicht gefestigt.

Den Zahlenraum bis zu einer Million beherrscht er recht sicher und wendete die erlernten Rechenverfahren geläufig an, arbeitete jedoch oft zu flüchtig. Bei Sachaufgaben und mehrgliedrigen Aufgaben benötigte er teilweise zusätzliche Hilfestellung.

X verfolgte den Englischunterricht nicht immer aufmerksam. Obwohl er Äußerungen und Hörtexte mit bekanntem Wortschatz verstand, konnte er darauf nicht immer angemessen reagieren. Einfache Sätze konnte er lesen und Arbeitsanweisungen umsetzen.

Im Sachunterricht fiel X das Erfassen und Darstellen sachkundlicher Zusammenhänge oft noch schwer. Nach Aufforderung war er jedoch gelegentlich in der Lage, das Gelernte wiederzugeben.

Beobachtungsbogen für	Klasse:

Aussagen zum Arbeits- und Sozialverhalten

	1. Halbjahr			2. Halbjahr		
	☺	😐	☹	☺	😐	☹
Aufmerksamkeit						
Beteiligung						
Anstrengungsbereitschaft						
Verständnis						
Zielstrebigkeit						
Sauberkeit						
Ordnung						
Selbstständigkeit						
Hilfsbereitschaft						
Kooperationsbereitschaft						
Höflichkeit						
Konfliktbereitschaft						

Aussagen über die Lernentwicklung und den Leistungsstand in den Fächern

Deutsch: Sprachgebrauch	1. Halbjahr			2. Halbjahr		
	☺	😐	☹	☺	😐	☹
Wortschatz						
Wörter und Sätze schreiben						
Gesprächsbeteiligung						
Gesprächsregeln beachten						
Aussprache deutlich						
erzählt zusammenhängend						

Deutsch: Lesen	1. Halbjahr			2. Halbjahr		
	☺	😐	☹	☺	😐	☹
Laut-Buchstaben-Zuordnung						
erliest Wörter						
erliest Sätze						
beantwortet Fragen						
versteht Arbeitsaufträge						

Beobachtungsbogen für	**Klasse:**

Deutsch: Rechtschreibung	**1. Halbjahr** ☺	😐	☹	**2. Halbjahr** ☺	😐	☹
erkennt Laute und Buchstaben						
hält Wortgrenzen ein						
schreibt Buchstaben formgerecht						
schreibt lauttreue Wörter richtig						

Mathematik: Arithmetik	**1. Halbjahr** ☺	😐	☹	**2. Halbjahr** ☺	😐	☹
schreibt Ziffern formgerecht						
erfasst den Zahlenraum bis 20						
kann Beziehung beschreiben						
kann Subtraktionsaufgaben lösen						
kann Kopfrechenaufgaben lösen						
nutzt Rechenvorteile						

Mathematik: Geometrie	**1. Halbjahr** ☺	😐	☹	**2. Halbjahr** ☺	😐	☹
kennt Lagebeziehungen						
orientiert sich im Raum						
kennt geometrische Grundformen						
kennt Reihen und Muster						
hat Grundwissen im Bereich Geld						
löst kombinatorische Aufgaben						

Sachunterricht	**1. Halbjahr** ☺	😐	☹	**2. Halbjahr** ☺	😐	☹
ist interessiert						
hat Vorwissen						
kennt Fachbegriffe						

Beobachtungsbogen für	**Klasse:**

Englisch	**1. Halbjahr** ☺	😐	☹	**2. Halbjahr** ☺	😐	☹
ist interessiert						
ist aktiv dabei						
versteht wesentliche Inhalte						
setzt Anweisungen um						
spricht geübte Wörter						
verständigt sich						

Kunst	**1. Halbjahr** ☺	😐	☹	**2. Halbjahr** ☺	😐	☹
zeigt Interesse						
zeigt Kreativität						
hält sich an Themenstellungen						
kennt Techniken						
gestaltet planvoll						
hat Ausdruckskraft						

Musik	**1. Halbjahr** ☺	😐	☹	**2. Halbjahr** ☺	😐	☹
zeigt Motivation						
begleitet Lieder						
singt gelernte Lieder						
kann Instrumente benennen						

Religion	**1. Halbjahr** ☺	😐	☹	**2. Halbjahr** ☺	😐	☹
beteiligt sich aktiv						
kennt Erzählungen						
kennt Feste und Bräuche						
nutzt verschiedene Ausdrucksformen						

Beobachtungsbogen für	**Klasse:**

Sport	**1. Halbjahr**			**2. Halbjahr**		
	🙂	😐	🙁	🙂	😐	🙁
ist motiviert						
zeigt Anstrengungsbereitschaft						
hält Regeln ein						
ist fair						
zeigt Geschick und Koordination						
bewegt sich angstfrei im Wasser						
führt Bewegungsformen im Wasser aus						

Weitere Bemerkungen:

Beobachtungsbogen für	**Klasse:**

Aussagen zum Arbeits- und Sozialverhalten

	1. Halbjahr ☺	1. Halbjahr 😐	1. Halbjahr ☹	2. Halbjahr ☺	2. Halbjahr 😐	2. Halbjahr ☹
Aufmerksamkeit						
Beteiligung						
Anstrengungsbereitschaft						
Verständnis						
Zielstrebigkeit						
Sauberkeit						
Ordnung						
Selbstständigkeit						
Hilfsbereitschaft						
Kooperationsbereitschaft						
Höflichkeit						
Konfliktbereitschaft						

Aussagen über die Lernentwicklung und den Leistungsstand in den Fächern

Deutsch: Sprachgebrauch	1. Halbjahr ☺	1. Halbjahr 😐	1. Halbjahr ☹	2. Halbjahr ☺	2. Halbjahr 😐	2. Halbjahr ☹
Wortschatz						
Wörter und Sätze schreiben						
Gesprächsbeteiligung						
Gesprächsregeln beachten						
entwickelt Schreibideen						
schreibt eigene Texte verständlich						

Deutsch: Lesen	1. Halbjahr ☺	1. Halbjahr 😐	1. Halbjahr ☹	2. Halbjahr ☺	2. Halbjahr 😐	2. Halbjahr ☹
versteht Texte						
liest Texte						
kann flüssig vorlesen						
beantwortet Fragen						
versteht Arbeitsaufträge						

Beobachtungsbogen für	**Klasse:**

Deutsch: Rechtschreibung	**1. Halbjahr**			**2. Halbjahr**		
	☺	😐	☹	☺	😐	☹
schreibt formklar						
hält die Lineatur ein						
schreibt fehlerfrei ab						
wendet Rechtschreibregeln an						

Mathematik: Arithmetik	**1. Halbjahr**			**2. Halbjahr**		
	☺	😐	☹	☺	😐	☹
hat Aufgaben automatisiert						
erfasst den Zahlenraum bis 100						
nutzt Rechenstrategien						
kann Subtraktionsaufgaben lösen						
kann Additionsaufgaben lösen						
erkennt Gesetzmäßigkeiten						
kann das kleine Einmaleins						

Mathematik: Geometrie	**1. Halbjahr**			**2. Halbjahr**		
	☺	😐	☹	☺	😐	☹
kennt Eigenschaften geometrischer Köper						
findet Spiegelachsen						
erzeugt symmetrische Figuren						
löst Sachaufgaben						
hat Grundwissen im Bereich Geld						
hat Grundwissen im Bereich Länge						
hat Grundwissen im Bereich Zeit						

Sachunterricht	**1. Halbjahr**			**2. Halbjahr**		
	☺	😐	☹	☺	😐	☹
ist interessiert						
hat Vorwissen						
kennt Fachbegriffe						
beschreibt Sachverhalte						
führt Versuche durch						

Beobachtungsbogen für	**Klasse:**

Englisch	**1. Halbjahr**			**2. Halbjahr**		
	☺	😐	☹	☺	😐	☹
ist interessiert						
ist aktiv dabei						
versteht wesentliche Inhalte						
setzt Anweisungen um						
spricht geübte Wörter und Sätze						
verständigt sich						
kann Gehörtes auf Deutsch wiedergeben						

Kunst	**1. Halbjahr**			**2. Halbjahr**		
	☺	😐	☹	☺	😐	☹
zeigt Interesse						
zeigt Kreativität						
hält sich an Themenstellungen						
kennt Techniken						
gestaltet planvoll						
hat Ausdruckskraft						

Musik	**1. Halbjahr**			**2. Halbjahr**		
	☺	😐	☹	☺	😐	☹
zeigt Motivation						
begleitet Lieder mit Instrumenten						
singt gelernte Lieder						
kann Instrumente am Klang erkennen						

Religion	**1. Halbjahr**			**2. Halbjahr**		
	☺	😐	☹	☺	😐	☹
beteiligt sich aktiv						
kennt Erzählungen						
kennt Feste und Bräuche						
nutzt verschiedene Ausdrucksformen						
erkennt eine bildhafte Sprache						

Beobachtungsbogen für	**Klasse:**

Sport	**1. Halbjahr** ☺	😐	☹	**2. Halbjahr** ☺	😐	☹
ist motiviert						
zeigt Anstrengungsbereitschaft						
hält Regeln ein						
ist fair und verantwortungsbewusst						
zeigt Geschick und Koordination						
bewegt sich angstfrei im Wasser						
führt Bewegungsformen im Wasser aus						

Weitere Bemerkungen:

Beobachtungsbogen für	**Klasse:**

Aussagen zum Arbeits- und Sozialverhalten

	1. Halbjahr			**2. Halbjahr**		
	🙂	😐	🙁	🙂	😐	🙁
Aufmerksamkeit						
Beteiligung						
Anstrengungsbereitschaft						
Verständnis						
Zielstrebigkeit						
Sauberkeit						
Ordnung						
Selbstständigkeit						
Hilfsbereitschaft						
Kooperationsbereitschaft						
Höflichkeit						
Konfliktbereitschaft						

Aussagen über die Lernentwicklung und den Leistungsstand in den Fächern

Deutsch: Sprachgebrauch	**1. Halbjahr**			**2. Halbjahr**		
	🙂	😐	🙁	🙂	😐	🙁
Wortschatz						
Wörter und Sätze schreiben						
Gesprächsbeteiligung						
Textverständlichkeit						
Texte überarbeiten						
Hinweise und Hilfen beachten						
Note:						

Deutsch: Lesen	**1. Halbjahr**			**2. Halbjahr**		
	🙂	😐	🙁	🙂	😐	🙁
liest fließend						
liest unbekannte Texte						
kann Informationen entnehmen						
beantwortet Fragen						
versteht Arbeitsaufträge						
Note:						

Beobachtungsbogen für	**Klasse:**

Deutsch: Rechtschreibung	**1. Halbjahr** ☺	😐	☹	**2. Halbjahr** ☺	😐	☹
schreibt flüssig und lesbar						
schreibt fehlerfrei						
verwendet Rechtschreibstrategien						
nutzt Hilfsmittel zur Selbstkontrolle						
Note:						

Mathematik: Arithmetik	**1. Halbjahr** ☺	😐	☹	**2. Halbjahr** ☺	😐	☹
beherrscht das Einmaleins						
erfasst den Zahlenraum bis 1000						
führt halbschriftliche Additionsaufgaben aus						
führt halbschriftliche Subtraktionsaufgaben aus						
kann Kopfrechenaufgaben lösen						
löst Sachaufgaben						
führt schriftliche Additionsaufgaben aus						
führt schriftliche Subtraktionsaufgaben aus						
Note:						

Mathematik: Geometrie	**1. Halbjahr** ☺	😐	☹	**2. Halbjahr** ☺	😐	☹
kennt geometrische Körper						
hat geometrische Grundfertigkeiten						
kann mit Längen umgehen und rechnen						
kann mit Geld rechnen						
kann Uhrzeiten und Zeitspannen bestimmen						
löst kombinatorische Aufgaben						
Note:						

Beobachtungsbogen für	**Klasse:**

Sachunterricht	**1. Halbjahr** ☺	😐	☹	**2. Halbjahr** ☺	😐	☹
ist interessiert						
hat Vorwissen						
kennt Fachbegriffe						
führt Versuche durch						
Note:						

Englisch	**1. Halbjahr** ☺	😐	☹	**2. Halbjahr** ☺	😐	☹
ist interessiert						
ist aktiv dabei						
versteht Äußerungen und Texte						
versteht Gesprächssituationen						
erfasst den Sinn						
gibt den Inhalt auf Deutsch wieder						
Note:						

Kunst	**1. Halbjahr** ☺	😐	☹	**2. Halbjahr** ☺	😐	☹
zeigt Interesse						
zeigt Kreativität						
hält sich an Themenstellungen						
kennt Techniken und gestaltet planvoll						
setzt sich mit fremden Werken auseinander						
Note:						

Musik	**1. Halbjahr** ☺	😐	☹	**2. Halbjahr** ☺	😐	☹
zeigt Motivation						
begleitet Lieder						
singt gelernte Lieder						
kann Instrumente benennen						
setzt sich mit Komponisten auseinander						
Note:						

Beobachtungsbogen für	**Klasse:**

Religion	**1. Halbjahr** ☺	😐	☹	**2. Halbjahr** ☺	😐	☹
beteiligt sich aktiv						
erkennt bildhafte Sprache						
kennt Feste und Bräuche						
bringt Fragen und Gedanken ein						
kann sich in verschiedenen Formen ausdrücken						
Note:						

Sport	**1. Halbjahr** ☺	😐	☹	**2. Halbjahr** ☺	😐	☹
ist motiviert						
zeigt Anstrengungsbereitschaft						
hält Regeln ein						
ist fair						
zeigt Geschick und Koordination						
bewegt sich angstfrei im Wasser						
führt Bewegungsformen im Wasser aus						
Note:						

Weitere Bemerkungen:

Beobachtungsbogen für	**Klasse:**

Aussagen zum Arbeits- und Sozialverhalten

	1. Halbjahr			2. Halbjahr		
	☺	😐	☹	☺	😐	☹
Aufmerksamkeit						
Beteiligung						
Anstrengungsbereitschaft						
Verständnis						
Zielstrebigkeit						
Sauberkeit						
Ordnung						
Selbstständigkeit						
Hilfsbereitschaft						
Kooperationsbereitschaft						
Höflichkeit						
Konfliktbereitschaft						

Aussagen über die Lernentwicklung und den Leistungsstand in den Fächern

Deutsch: Sprachgebrauch	1. Halbjahr			2. Halbjahr		
	☺	😐	☹	☺	😐	☹
Sätze und Texte adressatenbezogen schreiben						
Gesprächsbeteiligung						
Textverständlichkeit						
Verwendung grammatikalischer Regeln						
Texte überarbeiten						
Hinweise und Hilfen beachten						
verfasst Texte nach Vorgaben						
inhaltliche Gestaltung der Texte						
Note:						

Beobachtungsbogen für	**Klasse:**

Deutsch: Lesen	**1. Halbjahr** ☺	😐	☹	**2. Halbjahr** ☺	😐	☹
liest fließend						
liest unbekannte Texte						
kann Informationen entnehmen						
beantwortet Fragen						
versteht Arbeitsaufträge						
kennt Textarten						
Note:						

Deutsch: Rechtschreibung	**1. Halbjahr** ☺	😐	☹	**2. Halbjahr** ☺	😐	☹
schreibt flüssig und lesbar						
schreibt fehlerfrei						
verwendet Rechtschreibstrategien						
nutzt Hilfsmittel zur Selbstkontrolle						
verwendet Satz- und Redezeichen richtig						
Note:						

Mathematik: Arithmetik	**1. Halbjahr** ☺	😐	☹	**2. Halbjahr** ☺	😐	☹
beherrscht das große Einmaleins						
erfasst den Zahlenraum bis 1 000 000						
kann Kopfrechenaufgaben lösen						
löst Sachaufgaben						
führt schriftliche Additionsaufgaben aus						
führt schriftliche Subtraktionsaufgaben aus						
kann Zahlbeziehungen herstellen						
wendet Rechengesetze an						
führt schriftliche Divisionsaufgaben aus						
führt schriftliche Multiplikationsausgaben aus						
Note:						

Beobachtungsbogen für	Klasse:

Mathematik: Geometrie	1. Halbjahr			2. Halbjahr		
	☺	😐	☹	☺	😐	☹
kennt geometrische Körper						
kann mit dem Zirkel umgehen						
hat geometrische Grundfertigkeiten						
kann mit Längen umgehen und rechnen						
kann mit Geld rechnen						
kann Uhrzeiten und Zeitspannen bestimmen						
löst kombinatorische Aufgaben						
beschreibt Lagebeziehungen						
hat Vorstellungen der Symmetrie						
kennt Fachbegriffe						
Note						

Sachunterricht	1. Halbjahr			2. Halbjahr		
	☺	😐	☹	☺	😐	☹
ist interessiert						
hat Vorwissen						
kennt Fachbegriffe						
führt Versuche durch						
beobachtet reflektiert						
Note:						

Englisch	1. Halbjahr			2. Halbjahr		
	☺	😐	☹	☺	😐	☹
ist interessiert						
ist aktiv dabei						
versteht Äußerungen und Texte						
versteht Gesprächssituationen						
erfasst den Sinn						
gibt den Inhalt auf Deutsch wieder						
kann einen Dialog führen						
Note:						

Beobachtungsbogen für	**Klasse:**

Kunst	**1. Halbjahr** ☺	😐	☹	**2. Halbjahr** ☺	😐	☹
zeigt Interesse						
zeigt Kreativität						
hält sich an Themenstellungen						
kennt Techniken						
gestaltet planvoll						
setzt sich mit fremden Werken auseinander						
kann Bilder interpretieren						
Note:						

Musik	**1. Halbjahr** ☺	😐	☹	**2. Halbjahr** ☺	😐	☹
zeigt Motivation						
begleitet Lieder						
singt gelernte Lieder						
kann Instrumente benennen						
setzt sich mit Komponisten auseinander						
Note:						

Religion	**1. Halbjahr** ☺	😐	☹	**2. Halbjahr** ☺	😐	☹
beteiligt sich aktiv						
erkennt bildhafte Sprache						
kennt Feste und Bräuche						
bringt Fragen und Gedanken ein						
kann sich in verschiedenen Formen ausdrücken						
kennt Symbole						
Note:						

Beobachtungsbogen für	**Klasse:**

Sport	**1. Halbjahr**			**2. Halbjahr**		
	☺	😐	☹	☺	😐	☹
ist motiviert						
zeigt Anstrengungsbereitschaft						
hält Regeln ein						
ist fair						
zeigt Geschick und Koordination						
bewegt sich angstfrei im Wasser						
führt Bewegungsformen im Wasser aus						
Note:						

Weitere Bemerkungen:

____

du bist 1. Klasse!

Es ist schön, dass du ein Teil dieser Klasse bist.
Nun ist ein Schuljahr schon vorbei und du hast eine Menge gelernt: schreiben, rechnen und vieles mehr.

Ich freue mich auf das 2. Schuljahr mit dir.

Deine ________________________________

Es ist schön, dass du ein Teil dieser Klasse bist.
Nun ist das 2. Schuljahr schon vorbei
und du hast eine Menge gelernt.

Ich freue mich auf das 3. Schuljahr mit dir.

Deine ______________________

mitarbeiten	**zuhören**	**miteinander**
schreiben	**lesen**	**sprechen**
Englisch sprechen	**musizieren**	**rechnen**
turnen	**basteln**	**experimentieren**